The Statistics Is Great Business Weapon

放棄統計學之前，再給自己一次機會！

超直白！

文科生 統計學

本丸 諒 著

瑞昇文化

不覺得最近好像越來越常
聽到一堆很複雜的東西
嗎？像是數據分析還有
數據科學家之類的

看樣子……
還是得用上統計學吧？

大和

桃子

統計學？要分析的話，
交給 AI（人工智慧）
不就好了？

可是聽說 AI 跟統計學
很像喔。所以就算現在是
AI 的時代，還是要具備
統計學基本知識才行……

前言──念文科的人搞不懂統計學？

前面幾頁的漫畫中，大和與桃子看起來「超級不擅長統計學」的樣子。說實在的，我目前也還沒碰過「超愛統計學」的人。

只是這個社會圍繞著各種數據打轉，狀況瞬息萬變，相信各位開會時一定聽過這種話：「你說的話有數字根據嗎？你有證據（根據）嗎？」

可是我卻常聽人說什麼「我是念文科的，搞不懂統計學。」如果兇巴巴的ＮＨＫ卡通人物小智子聽到這種話，我猜她肯定會大罵：

「**因為念的是文科所以學不會？動動你那發霉的腦袋瓜子啊！**」

而且工作本來就不分文科或理科，必要時也必須接受挑戰，想辦法讓統計學內化成自己的東西。

另外大家對統計學也常有一些誤解，其實「初階的統計學幾乎用不到繁複的數學（數式）」，頂多會出現開根號，所以國中程度的數學能力便已堪用。

有些人聽到這種話或許會說：「難道不是因為你是理科生才說得出這種話？」實不相瞞，我可是純種文科生。我身為一名自由寫手，筆耕不輟，也編纂許多書籍，一切志在「文理合璧」。

我只是過去在出版社工作時，擔任過30本以上統計學入門書的編輯。多虧這些經驗，我接觸了許多老師對於統計學各領域的說明方法與想法。另外我也擔任了7年資料專業誌（月刊）總編，期間每個月都會發送自行設計的問卷，並回收進行分析。

雖然算不上「耳濡目染」，但我也自然而然學會拿捏說明尺度，感覺得出「工作上雖然需要多少程度的統計學知識，但或許沒必要加入過多的數學說明（只要明白背後根據即可）……」。

書店賣的統計學書籍，基本上內容都正確無誤，然而對我這種粗線條的人來說，那些書稍嫌「縝密過頭，反而不好理解」。越一絲不苟的作者，下筆時越要求正確，自然容易寫得太鉅細靡遺。

所以，我下定了一大決心——

既然我從那麼多作者身上學習到「統計學的核心」，應該想辦法把這些經驗回饋給一般的「文科」讀者。

我有沒有辦法寫出純文科商業人也能理解、堪稱史上最好懂的統計學入門書籍，而且還能學以致用呢……？

腦中攢著這個想法，某天突然接到Socym出版志水編輯的邀稿，希望我「撰寫一本統計學書籍」。我為了實現上述的想法，設計了幾項「機關」。

首先，第一項是貫徹「淺顯易懂」原則的機關。我讓大和與桃子兩名純文科角色出現在書中，雖然他們一直被理科女子理沙姊數落，但也藉由他們的嘴提出大家心中的疑問，並嘗試做出令人心服口服的說明。

第二項機關則是幫助讀者「盡快習得知識」。本書目的並不在於全面理解統計學，只會針對幾個重點集中講述。主要會說明變異數、常態分配、畫出95％信賴區間的意義、迴歸分析等主題的基礎知識，重點擺在培養讀者的統計學涵養，建立以數字來判斷事件「是否為巧合」的概念，因此這裡不會觸及太多有關假設檢定與多變量分析的內容。

最後一道機關則是內容監修。承蒙埼玉大學岡部恒治名譽教授針對內容提供諸多寶貴建議，和北海道大學研究所（數學）學程修畢的長谷川愛美女士仔細確認原稿，並加以指正。由衷感謝兩位的協助。

　　最後，十分感謝Socym出版社社長片柳秀夫先生欣然提供撰寫本書的機會，也同樣感謝過程中不斷與我討論「某內容對工作有什麼幫助」、「某處是否過於艱澀、難以理解」，一路鞭策我的責任編輯，志水宣晴副總編。

　　願本書能提供自嘲「文科統計學白癡」，因此頭疼不已的讀者微薄的助力，讓各位讀完書後覺得「自己似乎對統計學多了一點自信」。

本丸 諒

目次

前言──念文科的人搞不懂統計學？ ········· 6

登場人物介紹 ········· 18

第1章 湊巧？事實？如何判斷？

～「科學方式判斷」
的基準在哪裡！～

1話　章魚拉比歐的神預測！ ············ 20

2話　真的「碰巧」猜中的機率有多少？ ········· 24

3話　他人要如何「推測」
只有本人知道的事情？ ········· 33

4話　何謂抵換 ············ 43

第2章 只要有２項工具就能進行統計？

～學會平均與標準差，船到橋頭自然直！～

1話　只用1個數字表示!? ················ 50

2話　集中量數有3個？ ················ 55

3話　真的假的？平均1800萬圓？ ········ 60

4話　為何需要離散趨勢？ ·········· 68

5話　討厭變異數的話，改用「標準差」？ ······· 78

第3章　常態分配是什麼？

～跨出分析資料的第一步～

1話　陌生的「常態分配」 ························· 86

2話　利用「平均與標準差」
　　　畫出常態分配？ ··················· 96

3話　平均數與標準差決定了什麼？ ··············· 103

4話　統計學中出現的68%、95%
　　　是什麼意思？ ···················· 107

5話　什麼是標準常態分配？ ··············· 111

第4章 樣本掌握了統計學的命脈！

～如何做到「聞一知百」？～

1話　抽樣比想像中困難？ ················· 120

2話　試喝味噌湯就是抽樣行為！ ········· 124

3話　為什麼會爆出世紀大冷門？ ········· 129

4話　企業內的抽樣調查？ ················· 138

第5章 派出所越多，犯罪率越高？

～相關關係與因果關係到底有沒有關係～

1話　相關可以看出什麼？ ················· 144

2話　有相關就有因果……嗎？ ··········· 151

3話　小心虛假關係！ ····················· 158

4話　看霍亂學因果？ ····················· 162

第6章 畫「1條線」幫助思考！

～迴歸分析的進擊～

1話　大膽畫下一直線後的發現 ·············· 170

2話　借助Excel的力量畫出迴歸直線 ·············· 175

3話　一項結果可不只一個原因喔！ ·············· 182

4話　Amazon計算錯誤？ ·············· 186

第7章 真實收視率有多少？

～點估計與區間估計的用法～

1話　點估計？區間估計？ ⋯⋯⋯⋯⋯⋯⋯⋯ 192

2話　藉由收視率進行深入探討！！ ⋯⋯⋯⋯ 197

專欄

統計學的世界 ················· 31

這什麼東西？「Σ」非記不可嗎？ ········· 83

還有很多屬於連續量的資料？ ········· 95

奎特雷慧眼獨具、南丁格爾神來一筆 ········· 99

「常態分配算式」揭露的大秘密 ········· 116

均值回歸？ ················· 180

結語
（學會統計學，就有辦法推出暢銷書？）········· 205

索引 ········· 208

作者介紹 ········· 211

理沙姊

理科女子，目前任職於S出版社綜合企劃室。有時說話較粗魯，不過也擁有替後輩著想的一面。

大和

理沙姊的大學學弟（但卻是個百分百的文科生），目前任職於同一間公司的業務部。個性憨直，不過對於後輩桃子抱持著強烈的比較心態。

桃子

百分百文科生，統計相關知識全無，但很有慧根，也很討上司喜歡。

第 **1** 章

湊巧？事實？
如何判斷？

~「科學方式判斷」
的基準在哪裡！~

假設你在賭場玩猜硬幣時賭「背面」，但出來3次的結果是「正面、正面、正面」，你或許會懷疑對方「出老千」，然而那也可能只是單純的「偶然」。

深入思考一件事情「到底是不是偶然」，便會接觸到統計學最重要的概念。

章魚拉比歐的神預測！

　　每當世足賽這種盛大國際賽事將近，就會冒出許多可疑的「預言」。比如德國的章魚哥保羅（普通章魚）曾於2010年南非世足賽時，完全預測出德國隊包含預賽、決賽等8場賽事的比賽結果（不過在那之前，牠於2008歐錦賽的預測則是猜6中4）。

　　無獨有偶，日本的章魚拉比歐（北海道小平町的北太平洋巨型章魚）也於2018俄羅斯世足賽中屢屢預測出日本隊的勝敗結果，掀起一番討論。雖然牠們確實「預測到了結果」，但總感覺只是「偶然」……。

對手	拉比歐的預測	結果	命中？
哥倫比亞（預賽）	日本勝	日本勝	◎
塞內加爾（預賽）	平手	平手	◎
波蘭（預賽）	日本敗	日本敗	◎

若中了這麼多次，是否就能認定牠「具有預知能力」呢？

大和向理沙學姊吐苦水

……我們換個話題，場景來到東京神保町的S出版社。業務部的大和一早就在和他的大學學姊，目前任職於同公司綜合企劃室的理沙姊通內線電話。大和好像希望利用午休時間和理沙商量一些事情。

 ：理沙學姊！這次新進的員工……只花了3天就讓部長對她中意得不得了耶。

那個比我晚進公司的女孩，很討部長喜歡呢……

 ：是哦。她做了什麼事情嗎？業績很好之類的？是說，那個新來的叫什麼名字？

 ：她叫一之瀨桃子。事情是這樣，部長跟神保町的舊書店買了一幅葛氏北齋的浮世繪真跡，那天他帶了那幅真品跟另外2幅精巧的複製品，總共3幅畫作到公司，要大家猜猜看哪一張才是真的，結果那個新來的一說就中。

 ：這樣啊。不是因為色調不一樣嗎？

 ：沒有欸，就算靠很近也根本看不出哪裡不一樣。後來兩天，部長又分別帶了東洲齋寫樂跟菱川師宣的真品和複製品過來，結果那個桃子也馬上就指出來了，還笑著說「一看就知道差別在哪裡。」

接連說中哪一幅是真跡！

：唔……嗯？大和啊，你很無聊欸。這是男人的嫉妒嗎？不過連三次都能馬上說中，要不她真的有鑑賞的眼光，要不只是湊巧，再不然……。

：我覺得那一定是矇到的。不過我們部長又說什麼：「未來數據將凌駕經驗、統計學將取代直覺。等等，比起統計學，未來更應該是一個真善美的時代。你要跟一之瀨看齊才行。」

：居然說「真善美比統計學重要」。是不能否認「真善美」很重要啦，但我想還是比不上處理資料的敏銳度，還有統計學看法跟判斷力就是了。雖然只有桃子本人知道她是偶然矇中還是真的憑能力看出來的，但我們仍然有辦法從旁進行推測喔。

：什麼？要怎麼推測？統計學還可以讀取人心喔？快教教我！

其實是有方法的唷

　　學會統計學可以看穿人心——是不至於，但可以藉由從旁觀察，找到判斷的參考基準。為了養成這項能力，大和必須了解初步的統計學知識。當然，理沙姊也沒興趣跟大和解釋太深的統計學理論還有麻煩的計算，打算用比較直觀的方式來說明，事情到底會怎麼發展呢⋯⋯。

數據重於經驗、統計學重於直覺

而比統計學更重要的是⋯⋯嗯？什麼？

真的「碰巧」猜中的機率有多少？

　　……如此這般，理沙姊告訴大和前述章魚的事情。一開始大和聽到「統計學」時，表情跟腦袋下意識緊繃了起來，但聽完章魚拉比歐的故事後，他看起來大大鬆了一口氣。

：哇賽，章魚竟然有辦法連續預測出三次比賽結果。不過這種東西本來就是有時會中、有時不會中，運氣成分居多啦。桃子那傢伙一定也只是碰巧猜到的而已。太好了，好險我有來找理沙學姊商量。

：我什麼都還沒跟你說明耶……你好歹也有腦子，自己思考過後再說「可能是碰巧」、「可能有什麼原因」也不遲吧？如果跟鄉土刑警劇裡面的警察一樣動不動就說「我知道了，犯人是A！犯人是B！」要人家怎麼相信你？

拜託，你這人從以前就這個樣子

對、對不起……

我說你啊，多用點腦好嗎？

：那我該怎麼做？

：在學習「統計學入門」之前，要先知道什麼場合下該怎麼判斷，換句話說，你需要的是「劃分界線」的概念，我認為這才是運用到工作上時的重點。

「劃分界線」這四個字大和有聽沒有懂。一直以來，他在判斷某件事物時，搞不好都是依當下的情景來決定的。

而理沙姊意識到，自己得從「決定一件事物時，**應該要依據什麼樣的基準來釐清事物間的界線**」開始教導大和。畢竟在統計學上，這方面的感覺可比計算來得重要多了。

其實和勝、敗、平手的選擇題一樣？

：話又說回來，剛才提到的章魚「3場結果全說中」的可能性有大啊？

：可能性？你如果想學統計學，就別用「可能性」這個詞，應該要說「機率」才對。

：（太麻煩了吧，怎麼連用詞也要管啊……）好，我知道了！所以是「3場結果全說中的機率」沒錯吧？學姊，那這樣機率有多少呢？

：這個嘛，我先考考你，牠料中1場比賽「是勝是負」的機率有多少？

：理沙學姊雖然問「是勝是負」，但其實比賽結果有「①勝、②負、③平手」，和3選1的選擇題一樣呢。所以機率是1/3吧？

：沒錯！正確答案。章魚拉比歐並不曉得每一支隊伍的實力與排名，也不知道最近各隊的戰績，所以我們可以認為牠處於「零資訊」的狀態。因此，①～③的結果條件相同，那麼就和3選1選擇題一樣，每一項結果的出現機率都是1/3。

：原來如此，所以就算真的說中，也不過是「湊巧」，實際上猜中的機率是1/3就對了！

如果沒贏，那不是輸、就是平手……所以肯定每猜必中！

3戰全中的機率是「1/3＋1/3＋1/3」等於「1」？

：說得沒錯，**「湊巧」的感覺**可是很重要的。那我再問你……猜中1次的機率是1/3，那**3戰連續「湊巧猜中的機率」**又是多少呢？我說的是偶然連續猜中的機率喔。

：1/3的機率連續猜中三次，所以──
$$1/3＋1/3＋1/3＝3/3＝1$$
換句話說，3次都「湊巧猜中的機率」是「1」！

：什麼？機率是1？你真的很令人頭痛耶。你自己答完後都不覺得「哪裡怪怪的」嗎？機率是「1」，不就代表百發百中？

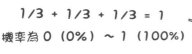

$$1/3 + 1/3 + 1/3 = 1$$
機率為 0（0%）～ 1（100%）

1/3＋1/3＋1/3＝1？你這呆瓜！

：啊，對耶（汗），猜中1次的機率是1/3＝0.333……明明只有33%的機率，連續3次都「湊巧」猜中的話，機率應該會更低才對。可是「1＝100%」，所以一定哪裡出了問題。可是到底是哪裡呢？

：你振作點！我們現在碰到的是3個事件「連續發生的情況」，這種時候機率會是——
$$1/3 \times 1/3 \times 1/3 = 1/27$$
所以答案是1/27。

：我懂了！不能用加的，要用乘的。1/27的機率，用計算機換算下來……機率差不多是3.7%。就算拉比歐是矇到的，這機率也低得太不可思議了吧！

：（自言自語）大和這小子真教人傷腦筋，居然跟我說1/3＋1/3＋1/3＝1。前途無亮啊。

理沙姊說「計算機率時，連續發生的情況必須用乘法」。

好比說現在問題是「24人的班級裡，是否至少有1組人同月同日生」，那「是」與「否」的機率，哪一邊比較高？

這種情況也要用乘法。

24名男女中，至少有1組人於同天生日的機率有多少？

可以這麼想。

1年有365天，「完全沒有人同月同日生（所有人的生日都不一樣）的情況」下，假設第1個同學的生日是某天，那麼第2位同學的生日就是剩下那364天裡的其中一天。換句話說，機率的算法為——

$$2人生日不同的機率有多少？\quad 1 \times \frac{364}{365}$$

依樣畫葫蘆，第3個人跟前面2人的生日也不一樣（363／365），而第4個人又跟前面3個人不一樣（362／365）⋯⋯一直到最後第24人，也必須和前面23人的生日不一樣（342／365），所以我們就要用次頁的「乘法」來計算這些情況。

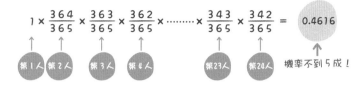

$$1 \times \frac{364}{365} \times \frac{363}{365} \times \frac{362}{365} \times \cdots \cdots \times \frac{343}{365} \times \frac{342}{365} = 0.4616$$

第1人　第2人　第3人　第4人　　　第23人　第24人　機率不到5成！

24人彼此的生日都不一樣的機率是⋯⋯

24個人的情況是0.4616⋯⋯不滿5成。

於是我們可以知道，「一個班級裡至少有1組人同月同日生」的機率，比「一個班級裡完全沒有人同月同日生」的機率還高（其實超過23人後，這項結果就會顛倒過來）。

話又說回來，大和雖然對統計學一竅不通，倒是在「透過機率概念思考」的過程中，對於「推論」一件事情**究竟是不是偶然發生**，產生了極大的興趣。

或許他只是單純想給新來的桃子來個出其不意，對她說「你只是偶然猜到的而已嘛！」不過這個問題卻輕輕鬆鬆就解決了。之所以這麼說，是因為理沙姊碰到桃子時問了她浮世繪的事，結果對方的回答出乎意料⋯⋯

：什麼？浮世繪？你問我怎麼有辦法從3幅畫裡面看出真品是哪一幅嗎？很簡單，只要看畫上貼的A/B/C標籤就知道了。

：什麼意思？

：其中2幅上面的標籤貼得很隨便，假設是A、B好了，都直接貼在畫上面，只有1幅畫的標籤C是貼在底板旁邊。而且部長對待畫的方式也很明顯，其中2幅隨便亂放，剩下1幅拿得小心翼翼的。任誰都看得出哪一幅才是真品吧⋯⋯

：搞什麼啊，原來不是因為你有辦法確切分辨出3幅畫作的真假啊。

：我哪裡懂浮世繪。那個不重要啦，聽說大和哥正在跟理沙姊學習基礎統計學不是嗎？讓我加入好不好！我也很想學學統計。雖然我讀文科的，數學爛到不行，還是請你們多多指教！

統計學？
我什麼都不懂啊。
麻煩從最基本的
開始教我！

統計學？也將桃子納入學習行列吧！

　　顯然大和是想太多了。撇除動機不說，現在他和桃子都開始對統計學產生興趣了，真令人開心。

「是純粹的偶然，還是深思熟慮下的判斷？」

看穿這一點的鑰匙就是「機率的概念」！

...

統計學的世界

：趁著桃子加入，我們一起來綜觀一下「統計學的世界」大致長什麼樣子吧。

：總覺得好像海盜的藏寶圖喔。嗯？統計學不就只是統計學嗎？怎麼還有什麼○○統計學、××統計學這種叫不同名字的？

：統計學世界的分類十分複雜，而且對一件事情的解釋見仁見智，所以你們要先了解，這世上並不存在千萬人皆認同的分類方法。必須具備「我個人是這樣看、腦中的脈絡是這樣」的認知！

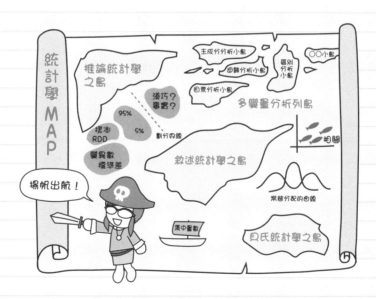

可以大略看一下「統計學的世界」長什麼樣子

：大致上分成推論統計學、敘述統計學、貝氏統計學⋯⋯多變量分析？到底哪些東西才是入門的統計學啊？

：如果就「入門」的意義來說，比起「○○統計學」，用下面這種分類來理解會比較簡單——

①資料的集中量數⋯⋯平均數、中位數、眾數等
②資料的離散程度⋯⋯變異數、標準差
③湊巧與事實的界線⋯⋯5%、1%等
④代表性的機率分配狀況⋯⋯常態分配等
⑤無法獲取全體資料時⋯⋯抽樣等

這些都是統計學中最基礎的概念。

：所以這些就是「統計學的基本」。我們只要學會這些就好了嗎？

：要學的東西好多。像我這種超級文科女子⋯⋯希望理沙姊說明得簡單一點，可以的話最好不要有數學式！

：說的也是，我會觀察你們的理解狀況，按部就班，最後打算讓你們試試看分析收視率。是不是很令人期待？總之，我們立刻出航吧！

3話 他人要如何「推測」只有本人知道的事情？

從引擎聲推測飛機的機種！

章魚頻頻料中比賽結果的機率只有低得不可思議的3.7％……聽到這件事，也沒有人會認為「章魚有事先蒐集情報，並進行預測，最後完美命中」。但如果對象換成人的話呢？舉個例子，一名紳士說「就算我蒙上眼睛，光憑引擎聲也能分辨出每一架飛機機種的不同」，而且還真的接二連三說對的話……相信每架飛機的引擎聲之間確實存在外行人難以分辨的差異，而既然紳士怎麼說怎麼對，或許可以認為「這個人不是信口開河，他真的懂。」

除了飛機外，鐵道迷之中也有一群特別熱愛蒐集火車聲音的「音鐵」族，他們的話或許真有辦法聽聲音分辨列車型號。

這個聲音……我想起來了！是EF8╳型！

猜猜是先加紅茶還是牛奶

接下來這個情況又如何？

「女士品茶」是統計學上十分知名的故事。

英國一名貴婦表示：「將紅茶加進牛奶、與將牛奶加進紅茶，兩種作法沖出的奶茶味道會截然不同，而我有辦法分辨出一杯奶茶是先加茶還是先加奶。」這番言論令周圍的紳士與淑女議論紛紛。

呵呵，本小姐可具備了他人無法理解的特殊才能呢！

「紅茶跟牛奶加入的先後順序會影響奶茶的味道？這種事情聽都沒聽過。少唬人了！」在場大多數人都不相信。

不過有個人卻提議：「這不是很有趣嗎？**請務必讓我測試看看此話究竟是虛是真！**」這個人正是統計學始祖費雪（R. A. Fisher，1890～1962）。

這名貴婦說的話到底是真的，還是只是開玩笑的呢？**關鍵在於「第三者如何光從表象判斷對方所言真假」**（本書會用不同於費雪的方式來探討）。

答案的提示，就在「章魚拉比歐」身上。

第三者該如何判斷

：這個故事很有趣吧。大和怎麼想？

：在回答之前，我想先問「探討這則紅茶的故事對於統計學有什麼幫助？」

：什麼？你問我有什麼幫助？真是急性子耶你。我想想喔，比方說在設計保全系統、AI音箱的時候，就會運用到這個問題的概念。但如果不明白背後的道理，也就不知道為什麼會有幫助了不是嗎？我們先把有沒有幫助的問題放到一邊，回到紅茶的話題上吧。

好，假設測試中只端出 1 杯茶，無論那名貴婦說的話是真是假（玩笑），2 種選項中必然有 1 項是正確解答，所以「運氣好猜中」的機率有 1/2（50%）。雖然我不認為貴婦會硬著頭皮賭這 1/2 的機率就是了。

那麼連續猜對 2 杯的機率又是多少？這時就變成 1/2 × 1/2 ＝ 1/4，也就是 25%。即便如此，4 次之中還是會「碰巧」猜中 1 次，這種程度依然無法使那些堅稱「貴婦是在騙人」的紳士與淑女信服。

如果連續猜對 3 杯，1/2 × 1/2 × 1/2 ＝ 1/8，機率 12.5%。接著若第 4 杯也猜對的話呢？

1/16，機率6.25％。再加把勁，連續猜對5杯的機率是1/32，3.125％。再來，連續猜對6杯的機率……

到底要**猜對幾杯，貴婦才能讓人相信她「真的喝得出差異」**？面對這種沒完沒了的情況，難道就沒有個設定「限度」的判斷方法嗎？

不是透過數學證明？

：如果是我，看到貴婦連續猜對3、4杯奶茶是「先加紅茶」還是「先加牛奶」，應該就會相信：「哇，原來加入順序真的會影響成品的味道，這名貴婦是真的喝得出來才說中的！」要猜對幾杯才有辦法判斷她是「真的懂」呢？數學應該有辦法證明吧？

紅茶、紅茶、牛奶、紅茶…什麼程度才能作出「判斷」？

：登愣！你在說什麼啊，這種事情哪有辦法用數學證明。就算可以拿最先進的儀器來測量「味道差異」好了，但這則故事的問題在於「思考該貴婦的判斷方法，究竟她是真能喝出差異，還是只是胡說八道」，沒錯吧？

到頭來，就只有貴婦知道自己說的「是真是假」，第三者根本不可能「證明」。所以我才要你們想想有沒有看表象辨真假的方法呀。

：咦？要怎麼看表象辨真假啊？不是說只有她本人知道自己有沒有在撒謊嗎？

多數人「可以接受的界線」在哪裡？

大和說的確實沒錯，我們這些旁觀者要「準確判斷」只有當事人知道的事情，簡直是難上加難，應該說根本就不可能，就算用測謊機也沒辦法百分之百測出她有沒有在說謊。

那麼我們該怎麼做？

：這時我們就需要「劃分界線的想法」。我再多給一點提示好了，可以從「機率」的角度去思考。女士品茶的故事聽起來雖然很像一道趣味猜謎，但其實可是開拓現代統計學的重要議題呢！

統計學可大致分成2大類別，「敘述統計學」與「推論統計學」（32頁）。現代統計學以「推論統計學」為核心，而推論統計學的中心思想，是根據大集團（母體）中的部分資料（樣本），去推論、檢驗大集團的狀況。

不過這留到後面再談，我們先聽聽大和跟桃子兩人怎麼說。

：開拓現代統計學？這個問題這麼複雜嗎？我還以為只是一般的猜謎。能不能再多給一點提示……

 ：提示啊。首先這東西不是「100%會說中」，所以必須設想一個「多數人都能接受的界線」作為次佳的結論。換句話說就是要決定折衷的標準。

因為不存在數學上的「解」，所以要思考「折衷處、妥協點」

 ：折衷？聽起來的確很不像數學呢。

 ：多數人能接受的界線，也就是大部分人都能認同的程度。好比說「如果機率多低的某事真的發生了，就很難斷言那是『偶然』、『碰巧』，只好相信了。」我們就是要決定這件事情。

 ：由我們來決定嗎？意外地蠻橫呢。

：例如連續20次偶然猜對的機率只有「100萬分之1」，根本是天文數字。都到這種地步了，誰有辦法說「只是湊巧矇中」的呢？

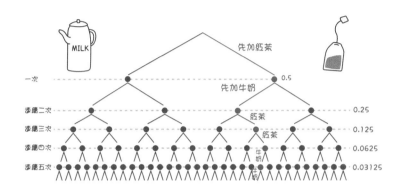

連續猜對20次的情況極為罕見，100萬次之中只會出現1次

：100萬次裡面只會出現1次？這樣的話任誰都會相信「貴婦沒說謊」吧。要說「只是湊巧猜中」未免太牽強了。

：所以大和認為機率只有「100萬分之1」的話，就足以相信貴婦的說詞囉？接下來就是重點了，那1萬分之1的話你會相信嗎？

：我覺得OK。如果1萬次裡面只會發生1次的事情發生了，我會相信是真的。其他人也一樣吧？

：那如果100分之1呢？這樣也覺得OK嗎？哎呀，你覺得OK啊。好，那到底要幾分之一的機率，你才會覺得一件事情「不是碰巧」、「不是偶然」、「是確切知道的情況下所作的判斷」？

：我想想喔。10%等於10次裡面發生1次的機率，感覺有點容易。5%的話則代表20次裡只發生1次，如果是喝茶猜順序的狀況，我認為「湊巧矇中」的可能性很低。

「5%＝20次中發生1次」，這就如同20個人玩爬梯子遊戲，只有1個人會中獎抱走獎金，或是得接受懲罰進行表演的情形，機率非常低。此外，請見下圖，我們在每一條直線之間都加上了2條橫線，畫成爬梯子的圖。

複雜的說明暫且跳過，總之在玩爬梯子遊戲時，如果橫線的數量只有1、2條的話（常見情況），其實你會有很高機率走到起點正下方的終點。知道這個祕密後，對於以後玩爬梯子或許很有幫助呢。

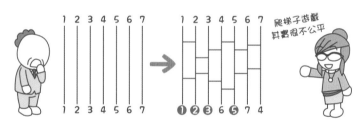

爬梯子很容易走到起點「正下方」的終點

：5%嗎？一般的判斷基準確實差不多是這個數字。大和說的**沒錯，統計學上大多會以「5%」作為劃分界線的標準**。所以若發生機率小於5%的事件，一般就不會認為該事件純屬**偶然，會視為「非湊巧、非偶然（確切知曉）」的事件**。反過來說，如果發生機率超過5%的事件，就可以懷疑「可能

是碰巧發生的」。

：這樣啊～我懂了。連續猜對4次（1/16）的機率也有6.25％，所以要連續猜對5次（1/32），機率才會是低於5％的3.125％。標準還真嚴格。如果貴婦在機率還沒低過5％前猜錯的話，不知道會找什麼藉口呢。

：我猜她會說：「呵呵，玩笑話罷了。貴為英國紳士，總不會這麼不解風情吧？」

「5％的界線」換個方式來看，意思也就是不在「95％的範圍」內即可。以女士品茶的例子來說，我們要思考的是「她是不是百發百中」，所以只需要思考左下圖表中單側的部分。這種情況，稱作**單尾檢定**。

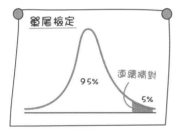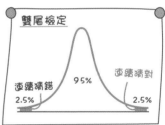

判定嚴謹度會依只看單側狀況、還是看雙側情況而改變

話雖如此，若也考慮到「連續猜錯」這種稀有的事件，那麼就會變成「兩種情況合計占全體5％」，這種情況我們稱作**雙尾檢定**。採用雙尾檢定或單尾檢定，會大大左右事件的判斷結果（本書並不會討論到「檢定」）。

具體來說，若以單尾檢定（5％）來看貴婦連續5次猜中（3.125％）的情形，那麼就可以判定貴婦說的可能是真的，但若採雙尾檢定，該3.125％的機率就超出2.5％的範圍，故必須再繼續猜中一次才會受到認可（實際上女士品茶採用的是單尾檢定，太仁慈了）。

單尾檢定好，還是雙尾檢定好，在一開始「劃分界線」時就必須確定「哪種判斷方法較好（適切）」。

另外還有一個重點，無論機率再低的事件發生，也不能完全排除掉「偶然」發生的可能，所以不存在所謂「100％正確」或「絕對正確」的說法。這正是統計學的一大特色。

雖然不是「絕對」，

但也要設定一個多數人能接受的界線！

統計學上經常以「5％」作為基準

何謂抵換？

　　先前提到，統計學上常以「5％」作為劃分界線的基準，來判斷一起事件是否「很難湊巧發生，可以認定其為事實」。

　　這種想法能如何應用在平時的工作上？

本人被鎖在門外？ 冒牌貨登堂入室？

：理沙學姊，請你回答我剛才的問題。我想我已經了解劃分界線的重要性了，不過這到底有什麼用啊？真的有辦法運用在現實世界嗎？學姊剛才也說可以用在保全系統還有AI音箱上面。

：哦，要問用途啊。如果拿保全系統來說，假設大和你住的公寓引進臉部辨識系統好了。

對照

登錄資料　　　　　　辨識畫面

太厲害了吧！

系統會對照本人與登錄相片的相符度

：臉部辨識系統？那是什麼東西？

：進入公寓前，系統會比對訪客長相與事先登錄的住民照片，來判斷訪客「是否為本人」，進而決定是否開放大門。不過像我們公司倒是任何人想進來都進得來。

：所以系統嚴格檢驗長相的話，外人就沒辦法擅自闖進公寓了嗎？大和哥，這樣很令人安心呢。

：但系統標準越嚴格，相對的便利性也越低。假如太嚴謹，大和本人搞不好都不見得進得了自己房間……。

：咦？為什麼？我就是本人啊，怎麼會進不去？就算系統拿拍到的畫面去比對登錄的照片也沒問題的啦。

「認證標準嚴格」的意思是，一旦登錄的「臉部資訊（照片）」和「鏡頭前的本人」有一點差異，系統將本人視為「冒牌貨」的風險就會高出不少。

舉個例子，假如本人因為感冒整張臉腫起來、牙齦腫脹、比拍照當下胖了10kg、額頭上多了傷痕……最糟糕的情況就是系統就可能判定「你是冒牌貨」，進不了自己家門。但這當然是標準設定太嚴格才會發生的事。

太嚴格不行，太寬容也不行……

：那就傷腦筋了。得稍微降低保全系統的標準才行。明明是本人卻被公寓擋在門外的話，我要怎麼回家啊。請幫我放寬系統辨識為「本人」的標準，起碼要寬到就算感冒也不會被當成冒牌貨的程度。

：所以只要放寬保全系統的判定標準就行了嗎？

：對，只要放寬標準，我在什麼狀態下都能夠隨時進出，方便多了。這樣也可以安心使用系統。

：這樣真的能安心嗎？如果標準太寬鬆，只要有人扮得跟你有點像，系統搞不好會認定他是「大和」而放他進門，他就有辦法偷跑進你的房間囉。

：不能放寬到這種地步啦。

本人無法通過認證？冒牌貨卻可以進門？

：那我問你，到底要放寬標準到什麼地步才算OK？標準到底要多嚴格才行？

：奇怪？我剛才好像也聽過類似的問題。我懂了，這跟設定界線來判斷「機率要到幾％才可能是事實」的情況一樣。所以保全系統如果不根據某個基準來「劃分界線」，就沒辦法實際運用了。

：就是這樣。如果判定標準太嚴苛，就會增加「本人無法進門的風險」，但如果因為這樣而過度放寬標準，又會提高「冒牌貨闖入的危險」，**事情很難兩全其美**。

抵換的概念與你我息息相關？

公寓如果以「讓本人進入」為優先，相對地就會提高長得很像的他人入侵的風險。這點要怎麼解決？

另外，若全球爆發流行感染症（瘟疫）、或要加強取締毒品、軍火時，機場也會以徹底防堵這些東西入關為優先，改變通關的標準。

至於標準，則會依狀況和取捨的平衡來拿捏。這個問題稱作「**抵換**」（Trade-off），意即兩害相權取其輕，兩利相權取其重。

我們身邊其實充斥著抵換的例子

例如最近流行的AI音箱，假設某位先生購買時已經登錄好「聲音」，AI音箱便會辨識先生的聲音而啟動，好比「嗨，××××。告訴我今天的新聞。」由於他登錄的是自己的聲音，所以一心認為AI音箱只會對自己的指示有反應，不過有一天他老婆說「我說××××啊」的時候，AI也產生了反應，並聽從老婆的指示，讓先生震驚不已。

這是為了讓聲音登錄者在感冒時也能正常使用，將辨識標準設定得特別低的證據。也有可能是為了避免夫妻吵架的貼心設定⋯⋯。

設定若不夠嚴謹，對兩方的聲音都會產生反應？

除此之外還有數不清的抵換範例。譬如說就經營判斷，即便某產品技術上要提高一個檔次的測量精確度不成問題，但這麼做成本將會變成３倍時，就需要評估該重視精確度，還是注重成本（最終銷量）。

筆電的重量雖然越輕越好，但如果為了減少50ｇ的重量而投入新材料，讓一台筆電的成本超過１萬圓的話，到底是好還是不好？

減輕重量好？還是重視成本好？如果標榜「全球最輕薄」有助於帶來龐大銷量，成本破萬也不是沒有意義，然而使用者真的願意為了那50ｇ掏出１萬圓嗎⋯⋯？

各式各樣的情況都會面臨抵換的問題

工作大多都不是只由 1 項因素構成，必須不斷思考操作性與功能多寡、成本與性能、時間（交期）與產品完成度等具有「抵換」關係的相對因素。

進行重要決斷前，必須先設定好「嚴密的界線」，以利消除模糊不明的部分。

抵換就是權衡的問題

並不存在完美的「答案」

第 ② 章

只要有2項工具就能進行統計？

~學會平均與標準差，船到橋頭自然直！~

走進統計學的森林，就會發現有好多種分析資料的工具。可是現在的我們只需要2把武器就很夠用了。

究竟是哪2把分析資料的武器呢……??

只用1個數字表示!?

英國流傳許久的故事──

為了捉住一隻以城堡為居的烏鴉，有個人單獨跑進城堡內等待機會來臨，然而烏鴉戒心十足，遲遲不肯從樹上下來。

之後無論是2人入城後1人離開、3人入城2人離開、4人入城3人離開……烏鴉似乎都知道城堡裡仍躲著人。

最後5人入城4人離開時，烏鴉似乎突然無法區別5跟4的數量，心想「人都走光了」，於是放鬆戒心從樹上下來，結果就被抓了……。

要幾個人才抓得到那隻烏鴉？

羅馬數字──

I、II、III、IIII、V……1～4都是依序畫下縱向直線，像I、II、III……這樣一條一條增加，但不知道為什麼，從5開始突然大幅改變符號外型（不過大多數人更習慣用「IV」而非「IIII」的符號。裡頭存在著減法的概念）。

比起觀看全部資料，只看1項資料比較好懂

：理沙學姊，烏鴉的故事跟羅馬數字又跟統計學有什麼關係了？

：人類雖然有辦法處理億或兆，甚至最近常聽到的京（兆的1萬倍）這種數字龐大的單位，但眼前一旦同時出現5、6個數字，人就會感到混亂，變得跟烏鴉一樣頓時間難以判斷數字之間的差異。我也不例外。

：也不常看到4用「IIII」來表示，如果之後寫成IIIII或IIIIII、IIIIIII，根本看都看不懂。這種情況該怎麼辦呢？

：**比起觀覽所有資料，不如用1筆資料來代表就好。**舉個例子，下面是2間分店（札幌分店10人、福岡分店8人）的單日營業額，乍看之下，有辦法馬上判斷哪一間的業績比較好嗎？

太多筆資料會讓人無法一眼看出背後的意義？

51

眼前羅列著一堆未經處理的數字，很難看出整體的面貌……這種時候有一種「魔法指標」，讓人不必詳閱全體資料，只看1項數據就能推論整體資料的傾向。

那就是「集中量數」。

集中量數之中，尤其會於日常生活上使用的就是「平均數」。**平均（平均數）就等同於「整體資料的重心位置」。**

平均數為「資料整體的重心位置」

：我還以為會出現什麼超厲害的工具，都做好心理準備了。連我都知道平均數是什麼耶。。

：我來計算看看札幌分店和福岡分店營業額的平均數。把所有資料加起來，再分別除以人數的10跟8——

$$札幌分店 = \frac{5+4+7+3+6+9+2+3+6+7}{10} = 5.2\cdots$$

$$福岡分店 = \frac{7+2+3+6+5+8+3+4}{8} = 4.75\cdots$$

所以札幌分店的營業額好上一點。有了平均數就不用看一大堆資料了，真的是很方便的工具呢。

：平均數的優點，在於只要看一個數字就能

・**比較不同集團的狀況**，

而且就算是同一間札幌分店、福岡分店內部，

・**也能看時間軸比較過去與現在的變化**。

沒錯吧？

平均數＝重心的感覺就像……

：剛才聽理沙學姊說「平均是整體資料的重心位置」，但我有點想像不出來那種感覺。

：重心的感覺啊。我們將桃子剛剛計算的數式①、②，用臂長10cm的天秤來表現的話，那麼札幌分店的兩側資料平衡重心就會落在5.2cm處，至於福岡分店則是落在4.75cm處。

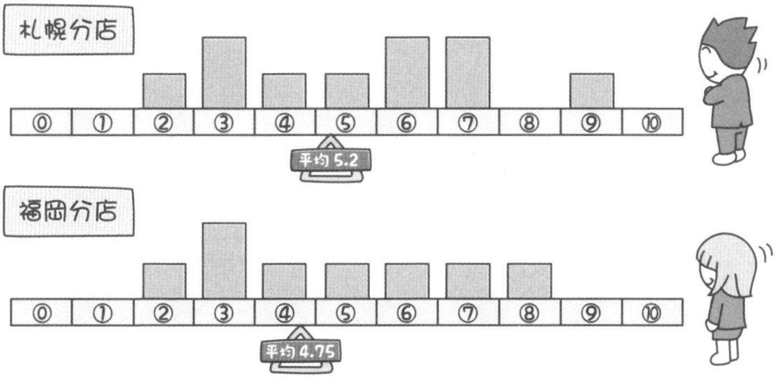

平均即是重心位置

要表現「日本的肚臍」時，也經常會運用重心的概念，譬如「人口重心」與「國土重心」。日本政府每5年會進行一次人口普查，並同時發表人口重心。

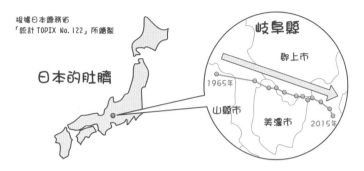

根據日本總務省
「統計 TOPIX No.122」所繪製

日本的肚臍

岐阜縣

郡上市

1965年

山縣市

美濃市　2015年

日本的肚臍「人口重心」有往南南東轉移的趨勢

　　這份資料假設「每個人等重」，從各行政區的人口數量來判斷何處可以保持國土平衡，並且每5年公開發表。

　　2015年人口普查的結果表示，岐阜縣關市立武儀東小學往東南東2.5km處（東京137度02分15.84秒、北緯35度34分51.44秒）為「日本的肚臍（人口重心）」。

　　此外，這項結果與2010年的調查結果相比，往南南東（首都圈方向）移動了1.6km。

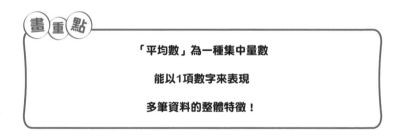

畫重點

「平均數」為一種集中量數

能以1項數字來表現

多筆資料的整體特徵！

第2話

集中量數有3個？

：沒想到運用平均，還能知道「日本的肚臍」在哪裡，平均數還挺厲害的嘛。不過我想問個丟臉的問題，理沙學姊會用平均還有平均數兩種說法，嚴格來說，這兩個名詞是指同一個東西嗎？還是不一樣？

：抱歉，我剛才同時用了兩種說法，不過意思是一樣的。像平均數這種能「表現資料集中趨勢」的數值，稱作「集中量數」。集中量數包含以下3項——

（算術）平均數、中位數、眾數

而我有時會將這3項數值合稱為「平均數（Average）」，不過一般人比較常說「平均」，總之都是一樣的意思。

：我懂了！不過平均數這種東西，我還在念小學時就知道了，感覺有點遜呢。

：由此可見平均數有多博大精深了。雖然平均數能表現資料整體的特徵，但使用時必須了解它也有自己的阿基里斯腱，並不是萬能，某些情況下可能無法代表整體資料。

> ## 只看平均數反而會看不見「實情」？

「平均數也有自己的阿基里斯腱。」理沙姊的這番話很耐人尋味。堪稱「集中量數中的集中量數」的平均數，究竟有什麼阿基里斯腱（致命性弱點）？

提到集中量數，一般指以下「平均數、中位數、眾數」等3項數值。

資料的三種集中量數「平均數、中位數、眾數」有何差異？

能「代表資料」的數字竟然多達3種，聽起來似乎很不可思議，不過其實是因為每個數字所「表現的重點」不同的關係。

平均數是將所有資料相加後除以資料筆數的結果，所以平均數會落在整體資料的平衡點上。換句話說「平均數即為整體資料的重心」，可以想像成是天秤或蹺蹺板的感覺。

平均數宛如維持蹺蹺板兩側平衡的重心

：雖然「加總所有資料並除以資料筆數」可以算出平均數，但資料筆數太多時算起來也很累人呢。那中位數要怎麼計算？

：基本上「**中位數**」不需要計算。將整體資料從小到大排序，位於「正中間」位置的那筆資料就是「中位數」。由大到小排序當然也一樣。如果有5個人，那麼「正中間」就是第3個人的位置，以下圖為例，第3個人的身高便是5人中的中位數。

中位數（1）奇數時為「正中間」的那個人

：3人5人這種奇數，「正中間」一定只會有1個人，但如果碰到偶數的話怎麼辦？

：人數若為偶數時，的確不存在「正中間」的人，所以我們需要像下圖一樣**取第3與第4人的平均數**。

中位數（2）偶數時取中央2人的平均數

：就算要取平均，如果第3和第4個人的身高跟下圖一樣差距太大，還是得照樣計算嗎？

取2人的平均

中位數（3）「正中央的2人」差距再大仍以同樣方式處理

：作法一模一樣。即便2人的身高差距剛好差得特別多，照樣是取2人的平均。如果將多筆資料從小到大（或從大到小）排序，你所算出的數字依然會落在中央附近的位置，所以不必擔心。

眾數會因數據分組方式而改變？

最後一個要介紹的集中量數「眾數」又是什麼東西？

顧名思義，就是「出現次數眾多的數值（資料）」，嚴格來說是出現頻率最高的那一筆數據。

下列15項數字之中，5出現次數最多，共有3次，9出現2次，其他數字都只出現1次，所以5就是眾數。

1,2,3,5,5,5,7,8,9,9,11,13,17,19,20

但如果替資料進行有範圍的「分組」時，不同的分法就有可能得到

不同的眾數。比方說同一筆資料分別以3為單位劃分（1～3、4～6）和以5為單位劃分（1～5、6～10）時，兩者的眾數便屬於不同區間（組）。

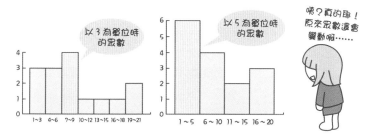

同一筆數據的眾數，可能因分組方式不同而改變

誠如各位所見，眾數會因資料的劃分方式而不同，所以我們必須**多加注意是否有人刻意操作資料分組方式**。

畫重點

集中量數包含（算術）平均數、中位數、眾數

必須熟悉個別的用途

真的假的？平均1800萬圓？

：我已經大致了解平均數、中位數、眾數這3個集中量數的意義了。我現在在想問的是理沙學姊剛才說「**平均數在某些情況下可能無法代表整體資料**」，就是什麼阿基里斯腱的……

：是該說明一下。姑且不談理論，我們直接來看最有名的範例好了。這個例子就說明了便利的「平均數」其實「不見得能代表整體資料」。我想你應該可以感覺得出來我在說什麼。

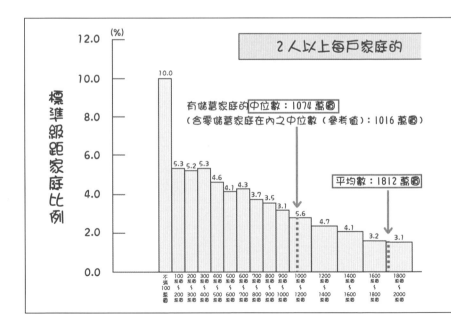

平均數與中位數、眾數各據一方！

下圖為理沙姊口中「最有名的範例」。根據「每戶（2人以上）現有儲蓄額」（日本總務省統計局「家計調查報告」2017年）的調查結果，國民平均額為1812萬圓。

現在我們知道了平均數的大小，各位對這個數字有什麼感覺呢？

：奇怪，平均1812萬圓？我們家根本沒存那麼多錢啊。貸款的話搞不好有啦。

：總務省每年都會進行這項調查，每次發表結果時都會引發社會興論。因為這項調查的問題，就在於「大家實際上沒存那麼多」，還有「平均未必能代表整體資料」的事實。

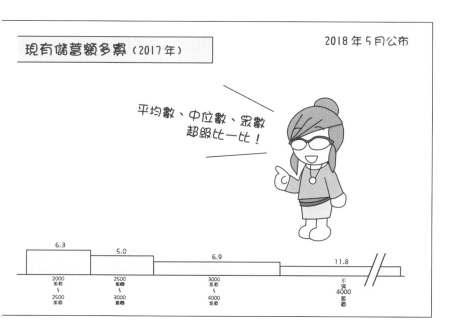

：1812萬圓雖然是一筆很大的金額，但也不至於「沒有反映實際情況」吧？搞不好其他家庭的積蓄真的有這麼多。

：「實際情況」這個說法可能不夠明確，我們換個方式來想。假設我說依存款多寡排序「全國家庭」的資料時，「正中央位置的家庭資料會接近實際情況」，而這個存款額是「1074萬圓」的話呢？

：「從小到大依序排列時正中間的數值」是中位數對不對？圖表上確實也有寫中位數是1074萬圓。

：簡單來說，平均數1800萬圓，中位數卻幾乎只有一半的1000～1100萬圓而已。

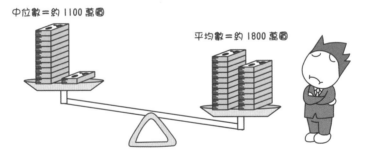

明明同為集中量數，金額怎麼可以差這麼多？

　　平均數之所以會比「正中央」（中位數）大上這麼多，和「平均數＝重心位置」這項性質有關。

將前面的「每戶現有儲蓄額」圖表簡化後可以得到下圖。由於右邊有很多存款在4000萬圓以上的富有家庭，那些家庭不斷將全國的平均往右拉，所以平均數才會遠遠超出預期的數字。

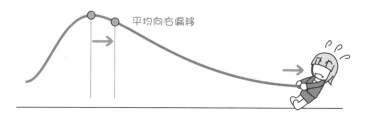

「平均數」一直被右邊的資料拉走

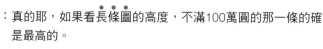
眾數在哪裡？

 ：原來平均數會被特別大的數字影響啊。那剩下的「眾數」又是多少？我好像完全沒看到哪裡有寫出眾數的金額。

 ：雖然圖表中沒有明確寫出「眾數」，但你們應該還記得眾數是「數量最多的資料」吧？試著從圖表上找看看。

 ：眾數是⋯⋯最左邊的「不滿100萬圓」嗎？

：真的耶，如果看長條圖的高度，不滿100萬圓的那一條的確是最高的。

 ：「長條圖」啊⋯⋯要這樣說也可以啦，但這種相鄰兩柱體間沒有任何間隔的圖，正式的名稱叫「直方圖」，也有人說「柱狀圖」，特色是**比起高度，更重視以面積來表現**資料。不過現在先不談這個。

：平均數1800萬圓、中位數1100萬圓、眾數則是不滿100萬圓，我現在已經搞不清楚到底要相信哪個數字了。

：雖然統稱集中量數，但畢竟是獨立的3種數值，自然不一定全部一致。你們覺得這是為什麼？

平均數、中位數以及眾數會一致嗎？

理沙姊雖然說「集中量數不一定一致」，但此處介紹的「平均數、中位數、眾數」也是有機會相同的，例如資料分布狀況像下面圖表❶左右對稱時。

這種時候，平均數、中位數、眾數就會一致，我們稱這種資料分布狀況為「**常態分配**（常態分布）」（常態分配的詳情請見第3章）。

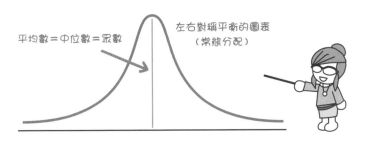

圖表❶　左右資料分布狀況對稱平衡的時候

至於圖表❷和圖表❸這種資料分配情形被某一邊拉走的狀況，3種集中量數就不會一致，因為跟其他資料差距太大的資料（**離群值**）會大大影響到平均數的大小。

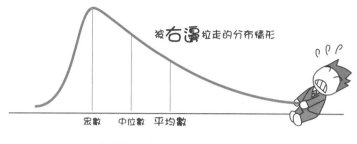

圖表❷　資料分布向右邊延伸時

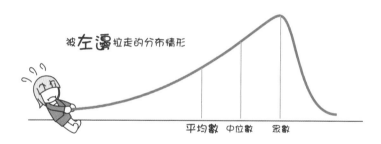

圖表❸　資料分布向左邊延伸時

　　前述「現有儲蓄額」圖表比較類似圖表❷，是屬於向右邊延伸的情形。這種情況下，平均數會變成最大的數值，接著才是中位數、眾數（眾數＜中位數＜平均數）。這是受到存款額4000萬圓以上的超富庶家庭影響的緣故。

　　反過來說，若像圖表❸一樣是向左邊延伸的情形，集中量數的大小則變成「平均數＜中位數＜眾數」。

經過說明，我們知道平均數不一定總是最大的那個，也知道它最容易變動，所以人們常說「**平均數容易受離群值影響**」。

舉個平均數被離群值拉走的例子，假設居酒屋裡有4名客人，每個人的零用錢平均下來是3萬圓，這時比爾蓋茲（離群值）突然走進來，那麼店裡所有人的零用錢平均搞不好就會變成1億圓。

平均數極易受「離群值」影響

然而中位數卻不一樣，即使資料分配情況偏向任何一邊，本身都不容易受到影響，因此我們有種說法是「**中位數具有穩健性（Robustness）**」。

中位數不動如山！

　　就這層意義來說，若未預想一定程度的「**資料分布情形**」，就無法斷言平均數足以「**代表整體資料**」。反過來說，如果知道3種集中量數的數值，就可以大致回推資料分布的情形。

　　集中量數包含「平均數、中位數、眾數」

　　平均數容易受離群值影響！

　　中位數則性質穩定！

為何需要離散趨勢？

只看平均數會看不清什麼事實？

我們已經了解平均數容易受離群值影響，不過其實還有一件事情無法光從平均數看出來，那就是「資料分布情形」。

請見下表，業務1課、2課、3課各有10人，所有課某日平均業績都是5萬圓。可是我們可以給1課～3課相同的評價嗎？

	1課	2課	3課
	5	3	0
	5	4	0
	5	4	0
	5	5	0
	5	5	0
	5	5	10
	5	5	10
	5	6	10
	5	6	10
	5	7	10
合計	50	50	50
平均值	5	5	5

直接給予相同評價會不會太操之過急了

可以因為平均同樣是5萬圓就「一視同仁」嗎？

只看數字也許很不直觀，所以我們換成圖表，也就是右頁的圖。外觀看起來就差很多了吧？

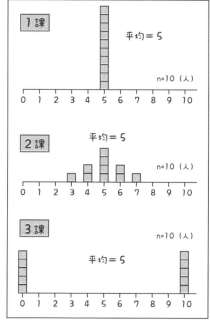

奇怪，分布情形完全不一樣耶！

將1課～3課的資料圖表化後……

　有時也會碰上這種**平均數相同，分布狀況卻南轅北轍**的情況。比如考數學時，如果出題者出了一道超難的題目，可能會造就更多擅長數學的人考將近滿分，不擅長數學的人更接近零分之類「正中央沒有資料」的極端情形。

　所以我們在操作平易近人的平均數時，若能同時表現「資料分散狀況」或說「資料的離散趨勢」，對於判讀資料會更加便利。所以我們接下來就要想想怎麼辦才好。

：原來如此，如果資料狀況這麼分散，還跟上司報告「1課～3課的平均業績相同，所以各課間沒有差異」，肯定會被罵到臭頭。那我們是不是可以說「1課資料離散程度為零、2課分散程度中等、3課超級分散」？

：這也是一個方法。但如果碰到下面這種右圖類似左圖2課的情況時，你要怎麼表現資料離散程度呢？兩邊都是「分散程度中等」嗎？有沒有差別？

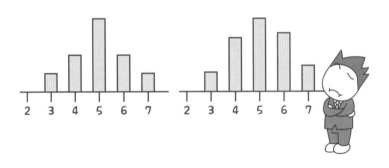

分散情形類似的例子，該如何描述差異呢？

：兩者分散程度都是中等……啊，慘了，理沙學姊才剛講完我就犯了一樣的毛病（汗）。

：看你一副想破頭的樣子。而且啊，你判定「中等」的標準是什麼？開會時社長可能會說：「大和！2課的資料離散程度應該是『偏小』，不是『中等』吧？」但中等或偏小的認知其實因人而異不是嗎？

：大和哥，如果靠感覺太主觀的話，要不要試著「**用數值來表現離散程度**」呢？剛才你說「1課的離散程度為零」對吧？假如所有數值跟平均數之間的距離為0，確實可以說「離散程度為零」呢。

：這樣啊，1課的確是「離散程度＝0」，那麼只要想辦法用數字來表現2課跟3課的資料離散程度就好了。

：就是這樣，我們只需搞出一項符合實際情形的指標就能解決問題。有適切的衡量基準可以用，何樂而不為呢？

：搞出？理沙學姊講話還是一樣粗魯呢。所以，該怎麼做才好……。

　　平均數是「各項數據加總後除以資料筆數」的結果，位於「與各資料間的正負差距加總之下會化整為零」的位置。

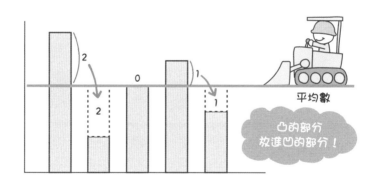

平均意即「均勻攤平」各項資料的凹凸

因此關於表現資料「離散程度」，最先浮現於腦海的方法是「計算出所有資料與平均數間的距離」。

1課沒有任何差距，所以是「0」，如果以數字表現2課與3課的離散程度，可以預料3課的數字恐怕會最大，因為理論上各項資料離平均數越遠，資料離散程度也越大。

計算後發現一件弔詭的事情……

 ：乍看之下，3課的離散程度應該是最大的。趕快求出每一筆資料「與中心（平均數）的差」，然後全部加起來看看！再除以資料筆數……。

 ：計算過程比較麻煩，所以你算分子的部分就好，反正我們也只是要確認這樣算有沒有問題而已。

 ：說的也是。把「資料」減去「平均數」，接著把每一筆的結果加起來就行了。1課全員業績都是5萬圓，平均數也是5萬圓，所以

$$（5-5）＋（5-5）＋（5-5）＋……＋（5-5）$$
$$=0+0+0+……+0$$
$$=0$$

跟我想的一樣，1課算出來的結果是0，所以離散程度＝0！

 ：這樣就對了……我是很想這麼說啦，不過這樣真的對嗎？你繼續算算看。

 ：咦？怎麼說這種令人不安的話啊。算了，我繼續算下去囉。2課跟3課的資料是下面這樣……
兩課的平均都是5萬圓，交給Excel來計算資料跟平均數的差也沒關係吧？

不是吧！
為什麼2課跟3課
算出來也是0？

2課	平均數	差
3	5	-2
4	5	-1
4	5	-1
5	5	0
5	5	0
5	5	0
5	5	0
6	5	1
6	5	1
7	5	2
（合計）		0

3課	平均數	差
0	5	-5
0	5	-5
0	5	-5
0	5	-5
0	5	-5
10	5	5
10	5	5
10	5	5
10	5	5
10	5	5
（合計）		0

1課～3課全都是「0」？

奇怪？2課、3課算出來的結果也是「0」，怎麼會這樣？是不是我搞錯Excel的用法了？

：馬上動手驗算一下怎麼樣？3課的計算比較單純，人工計算也沒問題。

：換我來算算看。0萬圓5人、10萬圓5人、平均5萬圓，所以

（0－5）×5人＝－25…❶　（10－5）×5人＝25…❷

拿❶和❷的結果來計算的話……咦，結果合計還是等於「0萬圓」。這是怎麼一回事？

73

奇怪奇怪真奇怪。只看資料的話，1課、2課、3課的資料分布狀況明明完全不同，為什麼算出來都是「0」呢？

　　不過理沙姊貌似早已料到一切，卻仍讓大和親自算過一次。她為什麼要這麼做？

：還沒注意到嗎？看71頁的圖就能明白，由於「平均數」是一種和各資料等差、處於整體平衡位置上，整平資料中凹凸不平部分的數值⋯⋯

：哦！結果我卻去計算「每一筆資料－平均數」，所有正負數字加起來當然會相互抵消，難怪不管怎麼算都是「0」！

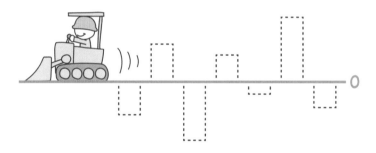

修正資料中凹凸不平的部分，結果自然歸「0」！

：就是這麼一回事。著眼點放在平均數與各筆資料之間的關係是不錯，但如果不想辦法**將負數「轉成正數」**，過再久都無法解決我們的問題。這裡的關鍵在於「資料與平均數之間差多遠」，談距離時不需要負數的存在。

：說的也是，總之就是要將負數轉成「正數」就對了。我第一個想到的是絕對值（｜｜），但我不是很懂絕對值要怎麼用。理沙前輩，除了絕對值之外，有沒有其他方法可以「將負數變為正數」呢？

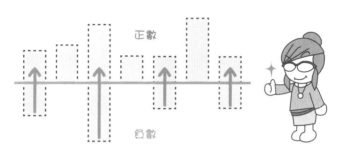

只要將負數轉成正數就不會算出「0」了！

有沒有什麼轉負為正的好點子？

「平方」也是「負數轉正數」的方法之一。

「(3－5)＝－2」，平方後則是「(3－5)2＝（－2）2＝4」。

平方法的確可以「將負數轉成正數」，也能**反映平均數與距離之間的大小**，要順利將距離數值化應該不成問題。

我們代替大和來重新計算一遍1課、2課、3課的資料（這次還要記得除以人數10人）。

1課	與平均數5的差	差的平方		2課	與平均數5的差	差的平方		3課	與平均數5的差	差的平方
5	0	0		3	−2	4		0	−5	25
5	0	0		4	−1	1		0	−5	25
5	0	0		4	−1	1		0	−5	25
5	0	0		5	0	0		0	−5	25
5	0	0		5	0	0		0	−5	25
5	0	0		5	0	0		10	5	25
5	0	0		5	0	0		10	5	25
5	0	0		6	1	1		10	5	25
5	0	0		6	1	1		10	5	25
5	0	0		7	2	4		10	5	25
（合計）	0	0		（合計）	0	12		（合計）	0	250
離散程度＝		0		離散程度＝		1.2		離散程度＝		25

每一組資料的離散程度（變異數）出爐！

不是去算「與平均數的差」，而是「與平均數的差的平方」。這麼一來2課跟3課的「離散程度」就不會是「0」，差異得以顯現。

：終於算出來了！所以離散程度是

1課＝0、2課＝1.2、3課＝25

這麼一來就算社長說：「2課的資料離散程度比較接近『偏小』。」我也可以拿數字回答：「2課的資料離散程度有1.2。」用數字進行比較而不是講「大、小」，這樣也清楚多了，完美！我們來幫這個代表離散程度的數字取個名字怎麼樣？

：它已經有一個名字叫「**變異數**」了。這可是響噹噹的統計學術語喔。很遺憾，我們不是第一個發現的人。這個數字可以幫助我們判斷離散程度，也就是**資料間的變化、歧異程度**，**故稱作「變異數」**。

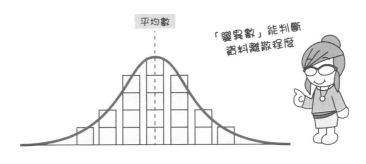

資料的離散程度＝變異數！

：好順理成章的命名喔。不過「變化、歧異程度＝變異數」確實很好記呢。「變異數」，我喜歡！

「變異數」就是用來表現
資料離散程度的「數值」！

討厭變異數的話，改用「標準差」？

　　大和學會了怎麼計算資料離散程度後，看似對於「變異數」相當滿足，沒有什麼疑惑。

　　不過桃子倒是從剛才開始就對「變異數」滿頭問號。她到底在想什麼呢？

不喜歡變異數的單位？

：我從剛剛就很在意，不管是3萬圓還是5萬圓，全部都是在講業績金額不是嗎？如果檢視資料離散程度時，說「2課的變異數是1.2萬圓」我還有辦法接受，可是在計算變異數時會採取平方的手段，這麼一來不就得說「2課的變異數是1.2萬圓^2」了嗎？天底下哪有「1萬圓^2」這麼奇怪的單位！

變異數？小菜一碟！

是這樣嗎？總覺得哪裡怪怪的

有變異數就OK了嗎？哪裡不能接受？

：「以數字來比較離散程度」才是重點，單位用什麼都沒差吧。你別找變異數的麻煩好不好。

：雖然大和說的沒錯，學會使用變異數來比較資料已經是很大的進步，但像桃子這樣對事物存疑，時時思考「這樣就沒問題了嗎」也是很重要的心態。而且我也很訝異桃子竟然這麼快就注意到變異數的問題了呢。

好，我來說明一下。

假設這裡有5位偶像，身高由左至右分別為170cm、168cm、173 cm、180 cm、164 cm，你們認為他們身高的離散程度（變異數）有多少？

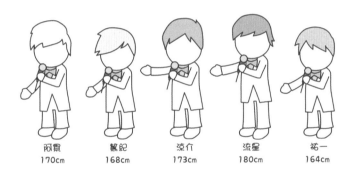

5人身高的「變異數」為多少？

長度變成面積？

：理沙姊，這次讓我來算！
①5人身高的平均數算出來是……171cm
②計算每個人與平均數的差後平方
③全部加總再除以5，求出「變異數」
這邊的②、③就用Excel來計算。

5 名偶像	與平均數 171cm 的差	差平方
170cm	-1cm	1cm²
168cm	-3cm	9cm²
173cm	2cm	4cm²
180cm	9cm	81cm²
164cm	-7cm	49cm²
（合計）	0	144cm²
變異數＝		**28.8cm²**

計算5人的平均數與變異數

變異數用Excel計算出來是28.8 cm2。我想的沒錯，單位如果是「cm2」不是很奇怪嗎？

：奇怪的地方，在於身高的單位是cm，也就是「長度」，然而表示變異數時卻變成了「cm²」。大和，「cm²」是什麼？

：是「面積」。啊，**「長度」變成「面積」**了！太好玩了吧！

：天啊，這哪裡好玩？如果不用長度單位說明長度、以金錢單位說明金錢，很不直觀欸。明明在比較長度，得到的答案卻是面積⋯⋯這真的太不合理了。

單位由「長度」→「面積」？

：是啊。所以拿變異數來用本身雖然沒問題，但桃子說的也沒錯，**恢復原本的單位看起來或許會比較自然**。

> ## 不喜歡「變異數」的話可以用「標準差」？

　　雖然大和對「變異數」愛不釋手，桃子倒不太有感覺，不過只要利用「**標準差**」就可以將數值恢復成原本的單位了。「差」代表資料偏離平均的程度，也就是所謂的離散程度。

　　變異數是「差平方」後得到的結果，這時單位也一併平方了，所以若要恢復原先的單位，可以將變異數開根號（平方根）。

$$\sqrt{變異數} = 標準差$$

　　就這麼簡單。換句話說，變異數與標準差只是計算方式有些微的不同，概念上如出一轍。

：那桃子，最後你要不要算算看1課～3課的標準差？

：好～。剛才大和哥在確認「離散程度」時已經求出變異數（76頁），1課＝0、2課＝1.2、3課＝25。標準差只要把這些數字開根號就好，所以分別是：

$$1課＝\sqrt{0}＝0（萬圓）$$
$$2課＝\sqrt{1.2}＝1.09（萬圓）$$
$$3課＝\sqrt{25}＝5（萬圓）$$

：粗略來說，1課＝0萬圓、2課＝1萬圓、3課＝5萬圓就對了。所有課的業績平均數為5萬圓，離散程度（標準差）則分別是0萬圓、1萬圓、5萬圓！

標準差與變異數同樣是「離散程度」的指標

變異數開根號後就會得到「標準差」

兩者本質上「完全相同」

這什麼東西？「Σ」非記不可嗎？

：我在看統計學教科書時，發現了一個奇怪的符號。

：我也有看到是 $\sum\limits_{i=1}^{5}(xi-\bar{x})^2$ ❶ …… 這種式子對不對？

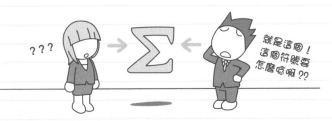

就是這個！這個符號要怎麼唸啊？？

???

Σ 要怎麼唸？

：Σ 唸作「**西格瑪（Sigma）**」，是用來表示下列運算式的符號：

（第1筆資料－平均數）²＋

（第2筆資料－平均數）²＋

……＋（第5筆資料－平均數）² …… ❷

由於數學符號用法都是約定俗成的東西，我們只需要理解用法就好。雖然也有人偏好❶的寫法，但我認為初步的統計學，用❷的寫法就夠了，所以之後我也不打算使用❶Σ的寫法。

理沙姊雖無意使用，但大家還是可以了解一下 Σ 的意義，未來若碰上才不會疑惑。

首先，Σ（Sigma）這個記號代表了「加總（總和）」，源自英語的總和sum，取其開頭的「s」，用希臘文大寫字母方式寫成「Σ」。至於小寫字母的「σ」（Sigma）則用來代表「標準差」。

那麼，前頁寫法❶中進行了什麼樣的計算呢？

首先，寫在左邊的 $\sum\limits_{i=1}^{5}$ 代表「將1、2、3……依序代入 Σ 右方式子中的i，一路代入至5為止，接著把5項代入計算的結果全部加起來！」

右邊的式子寫著 $(x_i - \bar{x})^2$。這個X_i要一一代入第1筆、第2筆、第3筆……等所有資料，如果拿前面偶像身高的例子來說，第1筆＝170cm、第2筆＝168cm、第3筆＝173cm、第4筆＝180cm、第5筆＝164cm。

$\bar{x}$ 唸作「X Bar」，為代表「平均數」的符號，所以 $(x_i - \bar{x})$ 的意思就是「各項資料減去平均數」。以偶像的例子來說，由於平均數為171cm，$\bar{x} = 171$。

可以看到 $(x_i - \bar{x})^2$ 有平方，所以每一項代入後──

$(170 - 171)^2$ $(168 - 171)^2$ $(173 - 171)^2$

$(180 - 171)^2$ $(164 - 171)^2$

上面用不同顏色標記出來的數字，就是第1筆～第5筆的資料（i ＝1～5）。而 Σ 代表「加總」，也就是說──

$$\sum_{i=1}^{5} (x_i - \bar{x})^2 = (170 - 171)^2 + (168 - 171)^2$$
$$+ (173 - 171)^2 + (180 - 171)^2$$
$$+ (164 - 171)^2$$

算出來等於144。此外，計算變異數時，則要將144除以資料筆數5（人）。

第  章

常態分配是什麼？

~跨出分析資料的第一步~

擲骰子時，1～6點出現的機率幾乎相
等，像這種資料分布均勻的情況，稱作
「均勻分配（分布）」。還有一種情況，
例如將店內商品銷量由多至少往右排序，
畫成圖表後呈往右斜降的情況則稱作「冪
次分配」。

不過牢牢記住眾多資料分配模式中亦十分
常見的「常態分配（分布）」，才是提升
統計學能力的最短捷徑。

陌生的「常態分配」

　　常態分配……？想必很多人聽到這個詞都很困惑吧。「常態」就是最普遍的規則、定律，意即「符合一定規律的資料分配情形」，那麼自然會想「所以有不符合一定規律的資料分配情形囉？」聊到這裡，事情難免複雜起來。

常態分配等於「常見的分配情形」？

：理沙學姊！前面講3個集中量數，平均數、中位數、眾數的時候，你有提到這3個數在「常態分配」的時候會一致，這個「常態分配」是什麼東西？

：理沙姊，如果這個意思是「正確的資料分配情形」，是不是就代表也有「不正確的資料分配情形」呢？

：有些名詞經過翻譯反而會造成理解上的問題呢。這種時候我們不妨回到英文原文。

：英文原文……是「Normal Distribution」！

：Normal的意思是「普通」，所以比起「正確的分配」，應該更接近「普通」的分配囉？可是什麼叫「普通」？

：與其講「普通的分配」，我認為比較接近原意的想法是「**隨處可見，具有普遍性的資料分配情形**」，像身高就是最具代表性的常態分配例子。以高中男生的身高來說，170cm左

右高的學生應該最多，而跟這個數字差越多的人也就越少，
不難想像吧？

：哦，所以**中央的資料數量最多，整體才會呈現左右對稱的
「山丘狀」分布圖**！

：沒錯，這就是「常態分配」。假設我們測量某高中3年A班
20位男學生的身高，結果得到下圖，雖然這張圖表只是捏
造的就是了。如果男女都要測量，最好分開處理。

左右對稱沒錯吧！

「中央最高、左右對稱」的分布情形

：只有20人左右，看起來凹凹凸凸的，人數更多的話圖形或
許會圓滑一些。

：是啊。那我們不要光測量3年A班這單一個班級，改成整個
縣的高三男生。樣本數增加，圖表也會變成下面的模樣：

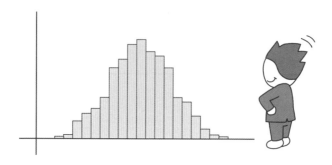

資料數增加，圖形更加圓滑

：哇，跟剛才不一樣，看起來細緻好多。話是這麼說，但這也只是隨手捏造出來的虛構圖表而已吧？

：嗯。我們要繼續增加人數囉。這次以全國17歲高中男生為對象……。

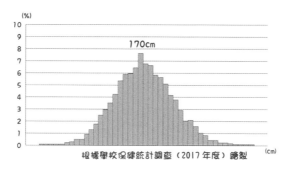

根據學校保健統計調查（2017年度）繪製

日本全國17歲男子身高分布圖

：看起來整齊又清楚。這也是用虛構資料畫出來的嗎？

：不是喔。這張圖是根據日本政府「學校保健統計調查」（2017年4月/2018年發表）的實際資料，透過Excel所畫出來的圖表。由於這項調查並沒有查遍全日本17歲的男生，所以圖表還是呈現清楚的鋸齒狀。不過只要繼續增加資料數，讓直方圖的寬度縮小到以0.1cm為單位劃分的話，最後就會畫出下圖這種平滑的曲線。你們應該可以憑感覺理解吧？這就是所謂的「**常態曲線**」。

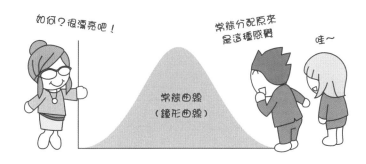

越來越趨近平滑的「常態分配」

直方圖與長條圖差在哪裡？

話說回來，凹凸不平的3張表格中，每一條長方形之間都緊鄰著彼此，沒有空隙，各位覺得是為什麼？

理由很簡單，因為這是一種和「**長條圖**」很類似，但其實稱作「**直方圖**」的另一種圖表。

見次頁圖，左邊是長條圖，右邊是**直方圖**（柱狀圖）。左圖的每一根長方形之間存在空隙，右邊則都緊靠在一起。

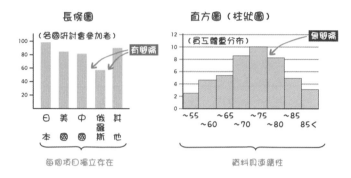

長條圖與直方圖（柱狀圖）有什麼不一樣？

　　到底是什麼造成了兩者的差異？

　　請見橫軸的項目名稱，左圖為國名，彼此之間互不相干、獨立存在，隨意變換位置也沒有影響。

　　然而右圖（員工體重）則是「65 kg（以上）～70 kg（未滿）」這種本來就具有連續性，並以固定區間分組的數值。不光是體重，身高也屬於這種資料。

　　要表現連續資料（連續量）時，比較適合選用直方圖。

：這樣啊，像身高雖然經常「以1cm為單位」來表示，如170cm、171cm，不過人也不會突然就長高1cm，而是170.1cm、170.2cm⋯⋯這樣一點一點成長，最後才長到171cm。

：而且170.1～170.2cm之間還是可以無限分割。除了長度，重量、時間也屬於可無限分割出更小區間的變量呢。我以前想都沒想過。

：照這樣看，資料為連續量時，還是使用每條長方形緊靠在一起的直方圖比較適合呢。

：直方圖不光可以用在1g～2g、1mm～2mm、1秒～2秒等範圍內可無限細分的「連續量」，也可以用於1顆蘋果、2顆蘋果等能逐一計數的「**離散量（間斷變項）**」。

理沙姊說的沒錯，「吃下的年糕數量」（1個、2個等離散量）也可以用直方圖來表現。

直方圖最大的特徵如下：

❶適合表現「資料分布情形」
❷長條圖以高度來表現，直方圖以面積來計算

比方說，下面2張直方圖的內容都是過年時吃的年糕數量比較，左圖的刻度為1個，而刻度換成2個的話就變成右邊的圖表。即便每一組的量改變，我們仍可以透過「縱軸×橫軸」算出的面積得知「數量」。

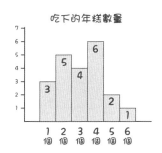
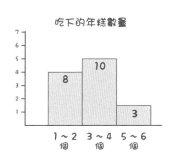

直方圖可看「面積」得知資料量

：資料類型不僅能分成「連續量與離散量」，還可以分成「屬量資料、屬質資料」。

：又是××量、又是屬×資料，好複雜喔。了解這些類型有什麼好處？

：好處？雖然某些資料類型「求平均數沒有意義」，但這以後有機會再談。我們現在再把「每戶現有儲蓄額」的圖表搬出來看看。提醒一下，直方圖之中可能存在著一些寬度不同的組別喔。

：就算你這麼說，不過像400萬圓～500萬圓的家庭多寡，還是從「高度」來判斷的不是嗎？

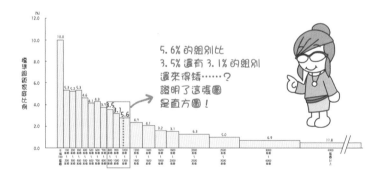

5.6% 的組別比 3.5% 還有 3.1% 的組別還來得錯……？證明了這張圖是直方圖！

每戶現有儲蓄額（同前）

：真的是這樣嗎？你要拋棄成見，仔細看看圖表！雖然每組資料有高有低，但不一樣的可不止這裡。大和我問你，「長方形的面積」怎麼算？

：我記得是「長×寬」。這裡的話，長是縱軸高度，寬則是橫軸幅度，所以只要比較高度就能判別大小，畢竟這張圖表中每一組的橫幅都一樣寬！

：等等？大和哥，這張圖表……好像有些橫幅不太一樣的組別混在裡面。

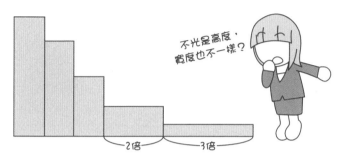

不光是高度，寬度也不一樣？

2倍　　　3倍

高度、寬度皆異

：什麼？真的耶。我還以為每組的幅度都是100萬圓，中間突然變成200萬圓、後面更變成500萬圓、1000萬圓了。完全沒發現。

　　前面我們用這張圖表說明「平均數雖為集中量數，但不見得會位於整體資料的中間位置」，只不過當時並未詳細描述圖表內容。這張「每戶現有儲蓄額」的圖表屬於直方圖，因此每一組中的戶數必須從「面積」而非「高度」來判斷。

比方說，900萬圓〜1000萬圓那一組標示為3.1％，1000萬圓〜1200萬圓那一組則為5.6％。然而一眼望去，3.1％的高度比5.6％還來得高。真奇怪，怎麼會發生這種顛倒的情況呢？

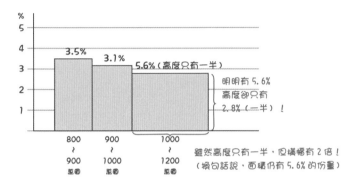

直方圖的判讀方法為「橫幅×高度＝面積」

這是因為900萬圓〜1000萬圓組的高度（3.1％）建立於「100萬圓」的橫幅上，而1000萬圓〜1200萬圓組的橫幅變成了「200萬圓」，所以高度也變成了數字的一半。5.6％的一半，也就是2.8％。不過用面積來看的話，就能清楚知道兩組的數值分別為3.1％與5.6％。

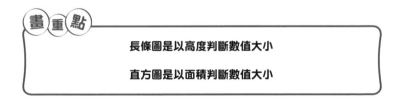

畫 重 點

長條圖是以高度判斷數值大小

直方圖是以面積判斷數值大小

94

還有很多屬於連續量的資料？

：長度與重量都是中間可無限分割的「連續量」對不對？其他還有哪些資料也是連續量？

：「時間」也是。長度、時間、重量都可以分割成無限個區間，所以也屬於「連續量」。

：那也有不屬於連續量的數值嗎？有的話比方說是哪些？

：樓梯階數我們會說1階、2階，總沒有人會說「我在第1.6階樓梯跌倒了」吧？也不會有人說「包包裡裝了2.3本書」。這些數量間無法進一步細分的變項便稱作「**離散量**」或「**間斷變項**」。你們兩個各想一個例子出來試試看。

：車站也是分1號月台、2號月台、3號月台，但沒有2.7號月台呢。

：也不一定喔。《哈利波特》裡的國王十字車站裡，9號月台和10號月台之間不就有「9又4分之3號月台」嗎……

：哎唷？大和你很會講嘛！（笑）

如果是在19世紀的國王十字車站，就看得到9又3/4號月台

2 話 利用「平均與標準差」 畫出常態分配？

上一節我們已經看過直方圖轉換為常態分配（87～89頁）的模樣，但這個常態分配究竟和我們先前提過的平均數與標準差有什麼關聯呢？

讓我們一起來探究吧！

只有平均數與標準差可以決定什麼？

：理沙學姊，常態分配的圖畫出來都會呈現類似富士山的形狀對不對？所以常態分配只會有1種情況囉？

：唔～不知道為什麼，很多人都跟大和一樣認為「常態分配只有1種情況」，其實常態分配有無數種模樣喔。

：真的假的！常態分配也有那麼多種？饒了我吧～光是要記住每一種模式感覺就會累死耶。

：不用記也沒關係。雖然常態分配的模樣千變萬化，但**1組「平均數跟標準差」，「只能畫出1種」常態分配的曲線形狀**。

：1組平均數跟標準差只畫得出1種形狀？那會長什麼樣子？

：應該讓你們看看常態分配的實際範例才對。右頁的圖為17歲男子身高統計圖表。這張圖表出自日本政府所進行的「學校保健統計調查」，橫幅刻度為1cm。你們可能忘了，所以我再把這張圖表拿出來標上「A」。

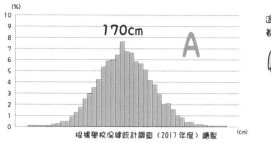

常態分配的圖表（同88頁下圖）

：所以這張圖是根據實際身高來製作的。看起來的確很接近常態分配的感覺。

：仔細閱讀這項調查，會發現除了每1cm分一組的身高資料外，旁邊還寫著「平均數、標準差」的數值。而我根據這兩項數值，畫成下面的「B」圖表。

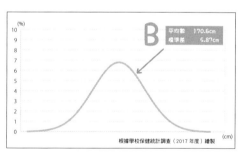

用「平均數、標準差」所繪製的圖表

接著再將這2張圖表重疊在一起，變成次頁的圖表。

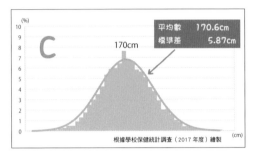

平均數	170.6cm
標準差	5.87cm

根據學校保健統計調查（2017年度）繪製

結合前頁2張圖後……

：哦。雖然170cm那筆最高的資料有點超出曲線，但其他部分卻對得整整齊齊呢。

　　照理說2張圖表可以完美重疊也是當然，不過用自己的眼睛實際確認只要使用「平均數、標準差」這2項數值，就能畫出原先資料的常態分配，並進而理解，也是十分重要的事情。

　　身高調查結果會呈現常態分配，也就是資料分布左右平衡的情形。以這個現象為前提去審視圖表，搞不好還能發現出乎意料的事實。

　　詳細請見右頁的專欄。

若一份資料為常態分配

即便沒有詳細的實際數據

也能利用「平均數＆標準差」來畫出分配曲線！

奎特雷慧眼獨具、南丁格爾神來一筆

不自然的扭曲圖形

若「身高呈現常態分配」是事實，假設現在有一張非常態分配的身高統計圖表，我們可以從中獲得什麼資訊？

下圖為統計學之父，比利時學者奎特雷（Lambert Adolphe Jacques Quételet，1796～1874）所繪製的圖表。他從法國徵兵體檢資料，推論出當時法國年輕人的身高分配情形。

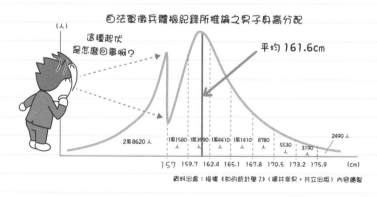

由法國徵兵體檢紀錄所推論之男子身高分配

我們可以用常態分配的圖表來看穿「謊言」

看一眼就知道，曲線十分扭曲，資料分布情形很不自然。身高157cm附近的曲線異常凹陷。

當時，法國徵兵條件為157cm以上的年輕人，因此奎特雷認為「許多年輕人謊報了身高」。軍方雖然無法光聽這份報告找出到底有哪些

人「說謊」，不過綜觀整體資料，許多人謊報身高來躲兵役的事實卻一目暸然。

奎特雷享有「統計學之父」的美名，留下了許多創舉，例如發現蘇格蘭士兵的胸圍資料能以40英吋（約100cm）為中心繪製出常態曲線，另也將測量值落在常態分配中心部分的人，命名作「平均人」（Average man）。

奎特雷留給後世的BMI指數

：你們知道奎特雷大大影響了現代人的生活嗎？健康檢查時，我們會測量是否具有罹患代謝症候群的風險，而這時使用的「BMI指數」，就是奎特雷的發明。

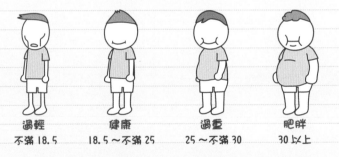

| 過輕 | 健康 | 過重 | 肥胖 |
| 不滿 18.5 | 18.5～不滿 25 | 25～不滿 30 | 30 以上 |

檢視健康狀況的BMI指數也是奎特雷的點子

：是指「體重kg÷（身高m×身高m）」的身體質量指數嗎？我記得理想狀況是22，那時最不容易生病，如果超過25就屬於過重……。

：我的體重是65kg，身高170cm，把cm換算成m後計算，「65÷（1.7×1.7）＝22.49」。原來這個指數也是奎特雷想出來的啊。

：不過這也只是參考，並不是絕對。在克里米亞戰爭期間出名的英國人南丁格爾（1820～1910）著迷於奎特雷的學說，自幼勤讀數學與統計學。克里米亞戰爭時，她發現許多英國士兵之所以死亡並不是因為戰死沙場，更多是肇因於野戰醫院不衛生環境下引發的感染症，於是要求國會議員改善醫療環境。

：但我覺得不管是哪個國家的議員都不太會看那種統計資料吧……。

：所以她想出了下面這種叫「雞冠花圖（Coxcomb）」的圖表。

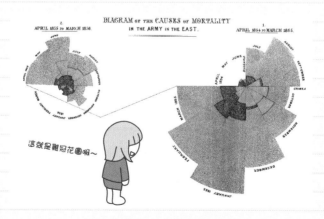

南丁格爾繪製的雞冠花圖

：我有看過這種圖表，不過該怎麼判讀呢？

：離中心距離的長度代表死亡人員多寡（包含戰場上戰死、罹患感染症而死等原因），每30度代表1個月，所以12個月剛好可以畫成一圈。與其當圓餅圖判讀，我更傾向於看作「依時序排列而成的長條圖」。雖然每一條畫出來面積較大，看起來很誇張，但用來說服議員的效果倒是不錯。

：哇，沒想到1張圖表就能揭穿當時法國年輕人撒的謊，看出他們抗拒徵兵的心態，甚至還能像南丁格爾一樣影響國家政策，真是太令人吃驚了！統計學真了不起。

圖表會透露出
各種資訊呢！

真是萬萬沒想到呀～

 畫重點

1張圖表就可以看穿「謊言」

還能拿來說服議員

3話　平均數與標準差決定了什麼？

　　理沙姊在2話中說過「**常態分配存在著無數種模樣**」。意思是，只要改變「平均數、標準差」的數值，就可以畫出變化多端的常態曲線。

　　為了親眼見識畫出來的模樣，我們跟剛才一樣引用「學校保健統計調查」的資料。這次我們要比較12歲與17歲男生的身高。

▼身高平均數、標準差

	平均數	標準差
12歲男生身高資料	152.8cm	8.00cm
17歲男生身高資料	170.6cm	5.87cm

　　根據這份12歲、17歲的平均數、標準差資料，可以分別畫出下面兩條常態曲線。

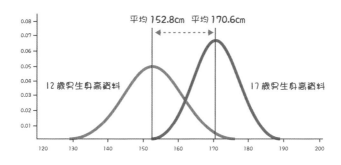

12歲與17歲的男子身高分配

：啊，真的耶。雖然是左右對稱的山丘狀曲線，可是兩條線的位置不一樣。

：沒錯，但你知道是為什麼嗎？

為什麼位置會左右偏移呢……

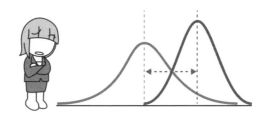

是什麼造成左右偏移？

：咦，問我為什麼，不就是因為「平均數不一樣」嗎？因為12歲比17歲的平均身高矮，所以整體曲線才會往左移動！

：答對了。也就是說我們可以得出兩個結論：

- 平均數變大……分配曲線往「右」移動
- 平均數變小……分配曲線往「左」移動

就像下面這張圖表一樣。

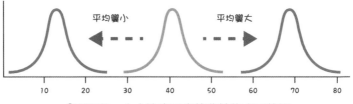

「平均數」大小決定了常態曲線的水平位置

標準差不同會改變什麼？

：不過剛才那2條曲線只有水平位置不同嗎？我想應該還能看出其他不同的地方，桃子你怎麼說？

：雖然只是感覺，不過2條曲線看起來好像「尖銳程度」不太一樣。可是它們位置錯開了，所以也不是很確定。。

：位置錯開了？那為了讓你們清楚看出2條常態分配曲線的不同，我們先把平均數的位置對齊看看。

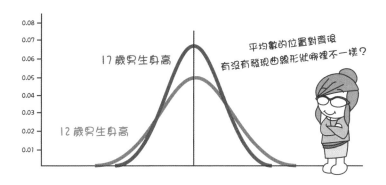

看出不同「標準差」所造成的差異了嗎？

：哦，這樣就清楚多了。果然12歲的資料畫出來的曲線「平緩」很多。

：你們覺得，是什麼決定了常態分配曲線「平緩」或「尖銳」？剛才你們已經學到「平均數決定水平位置。平均大則曲線右移，平均小則曲線左移」，那麼剩下一個東西是什麼？

：是「標準差」⋯⋯嗎？啊，原來是這樣。「標準差」是用來表現資料離散程度的數值，12歲的標準差是8.00cm，17歲的則是5.87cm，12歲的標準差大得多了！

：標準差越大，代表什麼呢？

：「標準差越大」就代表「資料離散程度越大」。而資料的離散程度大就代表⋯⋯我知道了，代表資料分布範圍越寬，所以才會畫出「平緩的常態曲線」。而且資料往兩旁散開，相對地整體高度也就降低了呢。

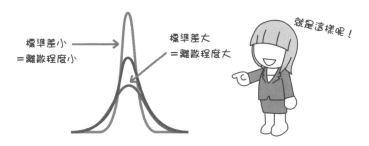

「標準差」不同會影響曲線尖銳程度

平均數的大小⋯⋯影響常態分配曲線左右位置

標準差的大小⋯⋯影響常態分配曲線尖銳程度

4話 統計學中出現的68%、95%是什麼意思？

　　我們已經知道，平均數與標準差會影響常態分配的位置與曲線形狀，不過也有些東西是即便平均數與標準差改變，「在常態分配中也不會改變」。

　　究竟是什麼東西呢？

範圍內的資料量（率）在任何狀況下都一樣？

　　下一份表格為12歲、17歲男生的身高「平均數」，還有「平均數與標準差的距離（**平均數 ± 標準差**）」。

　　具體的數字如下。

12歲：144.8cm ≦ 152.8cm ≦ 160.8cm

17歲：164.73cm ≦ 170.6cm ≦ 176.47cm

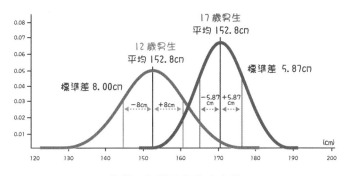

平均數 ± 標準差有什麼意義？

12歲的資料範圍為平均數±8cm（共16cm），17歲的資料範圍則為±5.87cm（共11.74cm）。

其實無論資料具體範圍多長，整體資料中都會有約68%的資料落在這個範圍內，且不管常態曲線長得怎麼樣，這一點都不會改變……真教人吃驚呢。

 ：理沙學姊，你說「真教人吃驚」，是哪裡教人吃驚啊？

 ：**我是說，以平均數為準，分別往前加、往後減「標準差」（12歲的話是8cm）會得到一個範圍，**雖然每筆資料的標準差不同，但平均數±1倍標準差的範圍中，始終會包含整體資料中68%的資料。

 ：我總算明白「平均數±1倍標準差」的意思了！原本還有點聽不懂，但畫成圖之後大概就是這種感覺吧。

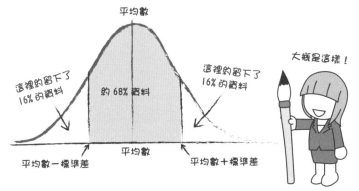

桃子腦中的畫面

看樣子，大和跟桃子終於理解「平均數 ± 標準差」的概念了。而無論標準差數值多寡，平均數 ±1倍、±2倍、±3倍標準差所得到的範圍之中，各自包含的資料率都是固定的。

①平均數－1×標準差 ≦ **68.3%** ≦平均 ＋1×標準偏差
②平均數－2×標準差 ≦ **95.5%** ≦平均 ＋2×標準偏差
③平均數－3×標準差 ≦ **99.7%** ≦平均 ＋3×標準偏差

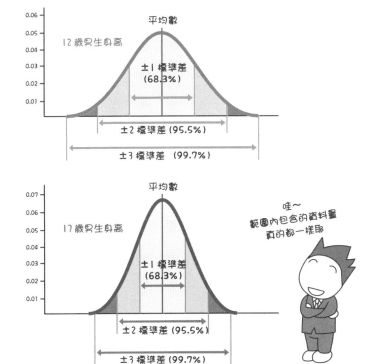

±1、±2標準差……的範圍中有多少比例的資料？

：這部分特別重要的是前一頁的①跟③。統計學上常常會用到約95%、約99%這兩項數字。無論如何，整體資料中一定會**有固定比例的資料落在「平均數加減標準差後得到的範圍」**。要理解這個現象真的很不容易，你們2個都很認真呢。

：是，還行！但碰到這麼多常態分配，「這個也是常態分配，那個也是常態分配」，反而令人有點糊塗耶。

「平均數～±2標準差的範圍」

佔了整體資料的95%

5 話

什麼是標準常態分配？

「標準常態分配」是最典型的常態分配形式

其實4話最後大和的喃喃自語也不無道理，畢竟每次碰到常態分配時如果都要問「平均數跟標準差各是多少」，實在有些麻煩。

若有一項「最典型的常態分配」就方便多了。而這就是我們所說的「標準常態分配」。

標準常態分配的定義為「平均數＝0、標準差＝1」的資料。

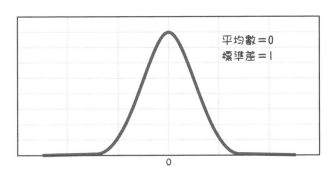

平均數＝0
標準差＝1

0

最典型的常態分配為「標準常態分配」

：大和，看到這麼漂亮的常態曲線，有沒有想起什麼？

：有，雖然不太願意想起來就是了。是用來表現成績的學力偏差值吧？

：偏差值就是稍微修改「標準常態分配」而成的一項指標，所以會像也在所難免。偏差值的計算公式如下：

$$偏差值＝\frac{（分數-平均分數）}{標準差}×10＋50$$

：真虧理沙學姊記得這種公式，像我早就忘得一乾二淨了。

：不用死背公式，只要理解背後的道理，需要用時自然想得起來。

：不過為什麼要採用這種形式啊？直接用分數來表現不就好了嗎？

：大和哥，我想是因為考題難易度會讓全體考生的分數忽高忽低，所以為了「整平」所有資料，才會換算成偏差值。像我高一的時候，第一學期的地理拿了90分，開心得不得了，後來才知道全體平均有90.9分。真的，我沒騙你。也就是說那次考試，大家的分數都很高，不是90就是100之類的……。

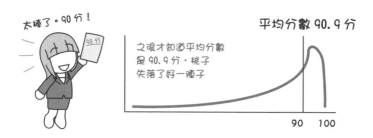

只有考試分數也無法判別自己「位於全體的哪個位置」

：題目難度確實會大大影響實際取得的分數，不過利用偏差值來統整資料，就可以知道自己高出或低於平均數多少，這對考生來說也是一大福音吧？

如理沙姊所說，世人普遍認為考試的滿分就是100分，所以偏差值便設定「正中央的人＝50分」，前頁式子中最後那「＋50」的部分就是這個意思。整理一下算式概念，其中有三處重點：

① 計算（分數－平均分數）後，再除以標準差
② 乘以10
③ 加50分

這麼一來，就會有約68.3%的考生落在偏差值40～60之間，而偏差值30～70可以看作「2倍標準差」，因此會有95.5%的考生落在此範圍中。

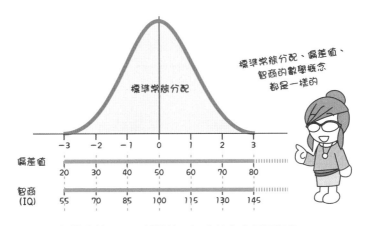

標準常態分配、偏差值、智商其實本是同根生？

順帶一題，除了偏差值，智商（IQ）也一樣具有前頁圖表中所示的關係。

從偏差值可以得知「排名」？

 ：桃子說的沒錯，就算拿了90分，也不等於真的達到平均分數。雖然這種案例很稀少，但偏差值可以完全排除這方面問題，因為平均的基準永遠都是50，所以採用偏差值，就可以「得知自己在全體中的位置」。假設某場考試共有1萬名考生，那麼偏差值60的人從前面數來是排在第幾名左右呢？

 ：啊？還可以算出這種東西嗎？我只知道40～60間有68.3%的人而已。

 ：大和哥，會不會是這樣？全體的68.3%是中間這個部分，兩端分別有「100－68.3＝31.7」的人，所以理論上右邊空間為31.7%的一半，也就是有15.85%的人。假設有1萬名考

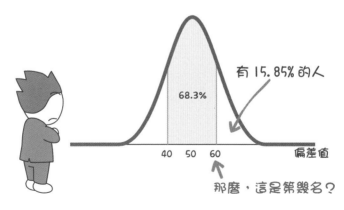

「1萬名考生中偏差值60」，從前面數來是第幾名？

114

生，然後有15.85％的人在前面，所以排名大概就是
10,000×0.1585＝1585名左右。

：沒錯！那我再多考一題。假設某場考試只有前80名的人可
以合格，而全部共有500名考生，A考生在其中的偏差值為
60，那他合不合格？

：500×0.1585＝79.25名，如果有80個人可以合格，A就是低
空飛過。偏差值60，在500個人裡排名80左右，成績很不錯
呢。現在才真正體會到，偏差值60原來是那麼好的成績！

典型的常態分配稱作「標準常態分配」，

此時平均數＝0、標準差＝1。

「偏差值」便是由此衍生而出的指標！

「常態分配算式」揭露的大秘密

為什麼常態分配會「根據平均數與標準差這2項數值來決定」？

關於這點，雖然只能說「就是這樣！」但究竟為何能如此斷言？我們可以從「算式」窺出個端倪。

國高中時會學到「$y = x$」或「$y = x^2$」之類的數學式，也會學如何將這些式子畫成圖表。同樣的道理 常態分配也有其表達用的數學式。

實際寫出來如下：

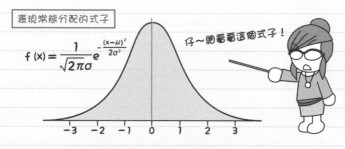

表現常態分配的式子

$$f(x) = \frac{1}{\sqrt{2\pi}\sigma} e^{-\frac{(x-\mu)^2}{2\sigma^2}}$$

仔～細看看這個式子！

常態分配的算式真不得了！

哎呀，看起來真複雜。不過也無須思考為什麼會得出這種式子，不妨仔細觀察一下它的樣子，就會發現「某件事情」。

π 是圓周率3.14……，為一常數。e則是自然對數的底數，數值為2.7182……，一樣屬於常數。而x若代入-1或0、1、2等數字，就能算出對應的答案，也就是 $f(x)$ 的結果。

那麼這項式子還剩下什麼東西沒解決？

發現了吧，只剩下「σ」、「μ」這2項符號，所以才會說常態分配的式子是「由 σ 與 μ 所決定」。

：我完全不知道剩下這2個「σ、μ」要怎麼唸……。

：我記得 σ 是小寫的「Sigma」，μ 則是小寫希臘文字，唸作「Miu」。前面稍微提過的 Σ（大寫Sigma）則是「總和」的意思。

：嗯，是總和沒錯。不過這裡的 σ（Sigma）代表標準差，至於 μ（Miu）則是平均數。

$$f(x) = \frac{1}{\sqrt{2\pi}\sigma} e^{-\frac{(x-\mu)^2}{2\sigma^2}}$$

μ ＝平均數
σ ＝標準差

：也就是說，σ² 是（標準差）²，等於是「變異數」對不對？不過標準差和變異數也沒差多少就是了。

：整個式子只剩下標準差（σ）、平均數（μ）要解決，你們覺得這代表什麼意思？

：哎呀呀，該不會就是理沙學姊說到嘴巴都痠了的那句「**平均數和標準差決定了常態分配的曲線形狀**」吧？

：你夠了。不過沒錯！這個看起來艱深難解的常態分配數學式中，由於 π 跟 e 都是常數，所以到頭來，剩下的「σ、μ 的數值，就會決定 $f(x)$ 的結果」。這項方程式沒必要默背，在這裡舉出來只是為了說明「常態分配的曲線形狀取決於平均數與標準差」而已。

雖然平時根本不會想看到任何「數學式」，但有時像這樣仔細端詳式子，也能幫助自己瞬間開竅，釐清現象背後的原因。而且式子最大的優點是精確無比，甚至能抵過上百行的文字說明。

　　此外，前頁的式子也可能寫成下面這種形式。

$$f(x) = \frac{1}{\sqrt{2\pi}\sigma} \exp\left(-\frac{(x-\mu)^2}{2\sigma^2}\right)$$

將2項式子放在一起比較，相信各位就能推敲出為什麼會這麼寫。

$$f(x) = \frac{1}{\sqrt{2\pi}\sigma} e^{\frac{(x-\mu)^2}{2\sigma^2}} \qquad \cdots\cdots(1)$$

同樣的東西！

$$f(x) = \frac{1}{\sqrt{2\pi}\sigma} \exp\left(-\frac{(x-\mu)^2}{2\sigma^2}\right) \qquad \cdots\cdots(2)$$

　　(1)的式子是在e後寫上指數，且指數的部分是分數，其中還包含了平方，字越寫越小，到最後都看不清楚了……（雖然本書印刷的字體較大）。

　　所以才有人想出(2)中出現的新符號「exp」，並定義「exp的意思是『指涉e』，而exp後括號中的內容則為『指數的部分』。」

　　exp是全球共通的符號。

　　多虧這項新符號，指數的字體放大不少，看起來清楚多了。

第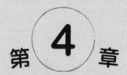章

樣本掌握了統計學的命脈！

～如何做到「舉一知百」？～

如果要調查池塘裡有多少魚，我們可以抽取幾隻樣本來推測全體的數量。不過抽樣的方法，遠比想像中來得困難許多……。如何取得堪比全體資料縮影的樣本，攸關統計結果成敗。一起動動腦筋，思考該怎麼做吧。

抽樣比想像中困難？

32頁曾提過，「統計學」可粗分為「敘述統計學」與「推論統計學」。

敘述統計學必須在有辦法調查**「全體」的情況下才能使用**，例如欲調查學校的某一班級或某公司內部情況時。目的在於利用「圖表、表格、平均數」等資訊來「敘述」該集團整體於統計學上的特徵。

若能針對全體進行調查自然沒問題

舉例來說，公會於一間有30名員工的公司進行問卷調查，題目是希望年終獎金領多少，這時使用敘述統計學就沒問題。若只有30人

工會要求金額	**35**萬圓以上			
參考數據	平均數 34萬2736圓	最大值 50萬圓 中位數 33萬圓	最小值 25萬圓 眾數 30萬圓

平均數基本上都會出現尾數，眾數的數字則乾淨俐落

左右，要取得所有人的問卷並不成問題。

　　這是基於完整資料所計算出的數值。這種能毫無遺漏蒐集所有資料，並依據資料建立簡明表格或圖表來敘述、分析現象的統計行為，即屬於「敘述統計學」。敘述統計學的必要前提，為蒐集資料時需進行普查（「全數調查」）。

一葉知秋的推測方法

　　不過普查可不是隨時隨地都能輕易辦到的事情。一個班級或一間公司倒還好處理，但單位一旦提升到國家層級、縣市層級，要蒐集全體資料恐怕就有困難了。

　　比如說，調查民眾對現任政權觀感（支持或反對）的民意調查、一天抽幾根菸的健康調查、商業人一個月的零用錢、20歲國民的身高體重，或者是狗派貓派之類的寵物喜好調查，從政治到興趣、嗜好，人們想知道的事情可多著呢。

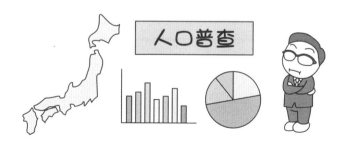

普查無法說做就做

要適時調查以全體國民或縣民為單位的資料可不是一件容易事，既勞民傷財又耗時。

人口普查是極具代表性的普查之一，日本每5年會進行1次，光是調查費用就高達700億日圓，還必須尋求地區自治會協助，所以一次調查所投入的金錢、時間、人員，都不是平時負擔得起的數字。

那麼，無法進行普查時該如何是好？

抽樣要選擇「與母體同一層（子母體）」的樣本

「普查」窒礙難行時，我們會改採「**抽樣調查（採樣）**」，僅調查大集團（**母體**）中的**部份樣本來推測整體情況**。這麼做就可以從非常少數的樣本，「推論出對象的全貌」。不光能「聞一知十」，「知萬」也不是問題。

相較於「敘述統計學」是以普查為基礎的統計學，抽樣調查為了「聞一知萬」，更要求「有辦法推估全體狀況的科學方法」。

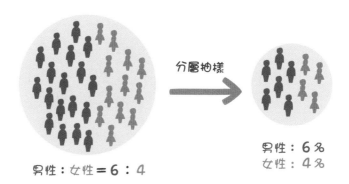

抽樣要和「母體」呈現相同樣貌（子母體）

而這時所用到的統計學，正是「**推論統計學**」。

現在提到統計學，十之八九都是指推論統計學，也因此「如何取樣」成了統計學上十分重要的命題。

之所以重要，是因為少量的樣本若不等於「整體縮影」（樣本與母體差異過大），得出的結論恐會與真實情況差上十萬八千里。

統計學分成「敘述統計學」與「推論統計學」

敘述統計學的前提條件為「普查」

推論統計學則採用抽樣調查

樣本必須自「整體縮影」的子母體中抽選

2 話 試喝味噌湯就是抽樣行為！

　　雖說抽樣調查基本上要抽選「整體縮影」的樣本，但實行起來卻出乎意料地困難。不過其實你我身邊就存在著抽樣達人喔。

試味道要注意哪些細節？

：想透過部分樣本掌握整體概況時，最大的問題在於「**抽選的樣本是否能代表母體**」。你們兩個，今天早上有喝味噌湯嗎？其實那就是最具代表性的「抽樣」行為。

：喝味噌湯是最具代表性的抽樣行為嗎？我家老媽每天早上是都會煮一鍋沒錯啦。

：媽媽在煮味噌湯或咖哩時，都會試吃或試喝，確認味噌湯會不會太濃，口味會不會太鹹之類的不是嗎？

嗯，味道剛剛好。這樣就行了！

：對耶。畢竟每個家有每個家的味道！

：但如果把整鍋湯喝完，家人就沒得喝了。所以才會**拿湯杓撈一點出來試味道，來「推估整體的口味」**。媽媽做飯時嘗味道的動作，正是非常典型的取樣行為。

：就像以前主公用膳前，會有人「試毒」一樣嗎？如果試毒的人心想「原來主公平常都吃這麼好」，越吃越起勁，到最後全部吃光的話，主公就沒得吃了。

好吃好吃！　　　　你吃太多了！

主公，請容小的再多試一會……（你這小子給我適可而止！）

：我有問題！雖然學姊說試喝味噌湯也是一種抽樣行為，但如果味噌沒有完全化開，還有結塊的話要怎麼辦？

：所以才要好好攪拌，讓整鍋品質「均一」，而這正是抽樣的要點。試味道時，如果嘗的部分無法代表整體口味，就有可能誤以為味道太淡，又多加了味噌下去。這麼一來，孩子喝的時候可能會抱怨：「媽～這也太鹹了吧。」所以在嘗味道時，必須仔細將整鍋攪拌均勻，使「部分＝全體」才行。

必須充分攪勻，才會使「部分＝全體」

：攪拌均勻！隨意撈取其中一處試味道！煮味噌湯時真的會把湯勺用得淋漓盡致呢。

：對，重點就是仔細拌勻，並且**隨機撈取，而不是只撈特定位置的湯汁起來試喝**。

問卷調查要怎麼做？

抽樣的訣竅就是「混合均勻」，因為這樣才能**從毫無偏頗的均勻整體中抽取樣本，保證「部分＝全體」**。

但實際上，到底如何順利抽樣呢？

試喝味噌湯時要攪拌均勻倒是好理解，但如果要做問卷調查的話，怎麼樣才算「將人群攪拌均勻」呢？

：有個晨間節目做過一項調查：「隨機街訪8點前通過電視局前的100位民眾！你比較喜歡狗？還是喜歡貓？」那個調查還滿有趣的，結果喜歡狗的有57人，喜歡貓的有43人。不過我個人肯定是選貓的。

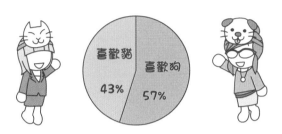

這項調查的抽樣做得確實嗎？

：我也是貓派的！

：對不對～我覺得最近貓奴有越來越多的趨勢，可是電視局的問卷調查結果反而是愛狗人士比較多。

：話說回來，從抽樣的角度來看，也不清楚那100個人的資料可不可靠。

：我覺得應該沒問題，畢竟發問的人也沒有瞄準特定哪個上班族，所以算是隨機挑選吧。而且好歹是電視局，應該也不會亂來。

：你覺得是這樣嗎？那個節目調查的只有出現在東京都心，而且是「行經電視局前面的人」，對象非常侷限，時段還限定在「早上8點前」。換句話說，他們採訪的對象幾乎都是上班上學路上的上班族或學生，而且還是在趕路的過程中有空回答的人而已。

用試喝味噌湯來比喻，這就像是味噌融得不徹底，只嘗到「濃郁部分」的感覺。

這個地點、這個時間，大家都很忙，不願意回答……

試喝味噌湯的行為充分體現了抽樣的精髓。如果有部分的味噌沒有徹底融入湯中，那麼試喝就沒有意義了。

必須將整鍋湯攪拌均勻，隨機撈取堪比全體縮影的樣本。

這就是抽樣的一切，這就是支撐著統計學的支柱。

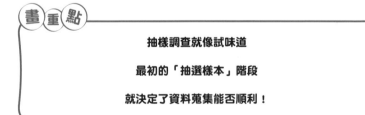

畫重點

抽樣調查就像試味道

最初的「抽選樣本」階段

就決定了資料蒐集能否順利！

為什麼會爆出世紀大冷門？

　　即使腦袋理解抽樣的重要性，實行時仍然會碰上一堆問題。企業會傾聽市場的聲音，構思新產品，並投入生產。而總統大選時，民調機構會蒐集選民意見，預測「哪方勝選」，一旦預測出錯，就會危害到自己在業界的生存。

：拿美國總統大選來說，可以想作共和黨跟民主黨兩黨的競爭，所以我想只要問全國國民「你要投給誰」就沒問題了。

：要問遍全國國民恐怕有困難吧。而且10歲的孩童可沒有投票權。

總統候選人政見發表

美國總統大選結果是否與預測相符？

：重點在於詢問哪些具有投票權的選民，還有數量多少吧？

：樣本這種東西，數量越多肯定越好啊。

：採取同樣作法的情況下，樣本數越多確實能提高資料精確度，但**問題在於「問誰、怎麼問」**。不像總統大選，基本上「怎麼問」都差不多，所以「問誰」的部分便顯得更為重要。雖然接下來要舉的例子有點年代，不過1936年的美國總統大選實在很值得玩味。

南轅北轍的2項總統大選預測

　　1936年美國總統大選，民主黨派出富蘭克林　羅斯福（現任總統），而共和黨派出阿爾夫　藍登（Alf Landon）參選。由於1929年爆發經濟大蕭條，許多人認為現任總統小羅斯福應對不力，選情相當不樂觀。

　　當時在市調方面頗具權威的《文學文摘》（The Literary Digest）公布蘭登民調領先（57％）的結果，且其樣本數多達200萬人。相較之下，新興的市調機構「美國民意研究學會（American Institute of Public Opinion）」（Gallup 蓋洛普民調的前身）則僅根據3000人的少量樣本，公布小羅斯福民調領先（54％）的結果。

：唔，雙方調查的人數完全不一樣。不過樣本數多的一方比較可信！

：理沙姊，《文學文摘》以往的預測有百發百中嗎？

感覺根本就是螳臂當車

：《文學文摘》在過去5次總統大選的預測全數命中，成績非常亮眼，而且總統大選前2個月，緬因州舉辦的初選也是由共和黨獲勝。美國流傳著一項選舉的鄉野傳說：「拿下緬因州選舉的黨，就能拿下大選勝利。」

：樣本數200萬人跟3000人相差700倍，而且考量到《文學文摘》過去的實績、初選時共和黨的勝利，我也跟大和哥持相同意見，預測會由共和黨候選人藍登勝選。

：在這種狀況下，預測民主黨會勝選堪稱豪賭中的豪賭。但出乎意料的是，小羅斯福成功連任，48州（不含阿拉斯加、夏威夷）中竟有46州的票開出來都是小羅斯福更勝一籌。而各州選舉人票中，羅斯福拿下523票，蘭登僅拿下8票。

一反預期，由小羅斯福拿下壓倒性勝利！

為什麼3000人會贏過200萬人？

該次總統大選的結果跌破眾人眼鏡。

基於樣本數3000人的民調結果，怎麼會勝過200萬人呢？

唯一可能的問題就出在「採樣方法」上。說明白點，他們訪問了誰。

寡不敵眾的情況下，如何逆轉勝？

　　慘遭滑鐵盧的《文學文摘》是怎麼抽樣，也就是如何選擇「調查對象」的？首先，他們鎖定自家雜誌的訂閱者（超高所得族群），再來尋找1000萬名擁有電話、汽車的民眾進行調查，最後得到共200萬份回答。很明顯樣本性質偏向高所得族群。

　　相較之下，蓋洛普民調則將樣本分成好幾種不同性質的「層」，如「都會男性」、「都會女性」、「鄉村男性」、「鄉村女性」、「中產階級男性」……並根據每一層中具有投票權的人數來決定等比的樣本數。

　　如此便能「獲得整體濃縮而成的樣本」，所以儘管他們的樣本數只有3000人，依然漂亮料中選舉結果。

樣本選法怎麼影響勝敗預測？

：我還是搞不懂，《文學文摘》過去都連續5次預測出總統大選的結果了，為什麼偏偏這一次出錯了呢？如果是因為「抽樣方式有問題」，那他們以前預測的結果應該也不會這麼準吧。

：這部分也不是光靠統計學就可以解釋的事情。

：不是吧，統計學不是萬萬能嗎？我還以為理沙學姊是虔誠的統計學信徒咧。

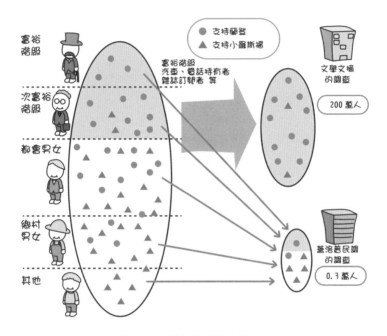

文學文摘與蓋洛普抽選的樣本不同

：我只是想要釐清世上的各種問題，但當然能用統計學的地方，我就用統計學來處理。那次的總統大選中，雖然「抽樣方式有問題」的影響很大，但光是這樣還不足以說明預測出錯的原因。

：怎麼說？

：就像大和剛才說的，明明從統計學抽樣的觀點來看，他們習慣的取樣方法並不合格，卻連連歪打正著，直到這一次才踩空。你們覺得是為什麼？背後應該還有其他原因，是什麼呢？

：因為社會情勢改變……之類的。啊！會不會是因為經濟大蕭條的關係？雖然我也說不出個具體的理由，但大蕭條發生前後，社會應該產生了某些轉變。

：我也這麼認為。在那之前，美國的景氣還不錯，無論所得高低，有投票權的民眾還有一定的社會共識，因此就算樣本僅取自「生活優渥」的上層階級，還是足以看出整體社會的意向。然而長期不景氣，使得不同收入階級的支持方向產生歧異。結果就是仔細針對每一階層分別抽樣調查的蓋洛普得以透過僅3000人的樣本來判讀民意變化，而一直以來只關注上層階級的文學文摘沒有察覺社會的變動，所以即使蒐集了200萬人份的資料，還是預測錯誤。恐怕就是這樣吧。

大蕭條前後，選民的心境有所轉變？

：這樣啊。所以**也不是「只要用了統計學就能看出結果」**，甚至**「百發百中」**。抽樣調查是統計學上的手法沒錯，不過調查時也不能忽略社會各個面向的變化呢！

咦？就算分階級取樣還是會失準？

蓋洛普採用的方法，是依照地區、年齡、性別等選民的屬性，等比例決定抽選樣本數（配額抽樣），確保樣本呈現美國所有選民的縮影。之後各大調查機構也紛紛採用這種分層抽樣的方式。抽樣方法也是日新月異呢。

不過1948年的總統大選，包含蓋洛普在內，許多調查機構的預測都出了錯。明明都分層抽樣了，怎麼還會有那麼多機構預測失準？

原因出在調查方的「調查員」身上。調查過程中一直到依各層屬性配額的階段都還如實照著資料進行，但「最後要請誰配合調查」的決定權掌握在每名調查員手上，所以即便條件同樣是「俄亥俄州、女性、30～39歲」，調查員也大多傾向於請比較好說話的人調查，不會去找跟自己關係不好的對象。

專家認為這就是預測失準的原因。

所以現在已經不再透過調查員來選擇每個屬性的樣本，而是採用屏除人為因素的「**隨機抽樣法**」（random sampling），其中有一項方法稱作隨機撥號法（**RDD法**）。

顧名思義，隨機撥號法（Random Digital Dialing）就是電腦將隨機（無刻意）跳出的數字組合成一組電話號碼後，調查員再撥號請對方配合調查的方法。

隨機撥號法即隨機抽選電話號碼來決定調查對象

　隨機撥號法乍看之下是完美無缺的隨機抽樣，但也存在著一些問題，例如接到電話的人可能會懷疑調查員的身分真偽，而白天會接電話的又大多是家庭主婦（回答族群產生偏頗），加上最近大多數人都已經淘汰市話，改用手機，所以這種方法也稱不上萬無一失（現在手機也包含於隨機撥號法的選取範圍了）。

　教條上雖然說「隨機抽樣即可」，但現實層面，要達到完全隨機抽樣分外困難。

「隨機抽樣」雖然是統計學的基本

但實際上言易行難

企業內的抽樣調查？

很多企業也會施行一項與試喝味噌湯具相同意義的行為，那就是**產品檢驗**。

像巧克力或罐頭工廠，如果要針對產品進行全面檢驗，那最後就會沒有產品可賣，所以最有效的方法是**抽驗**。由於這種方法是從所有產品中挑出部分產品進行檢驗，所以也屬於抽樣調查。

產品檢驗也是代表性的抽樣調查

工廠會抽樣確認產品品質

 ：像罐頭這類商品，如果每一顆都拆開來檢查，也許能完全消除瑕疵品出貨的可能，但這樣根本也不用賺了吧？雖然要檢驗多少比例的商品、碰到什麼狀況的話要特別注意，每間公司應該都有自己的經驗和一套方法就是了。

 ：我爸爸以前在工廠上過班，他們會做所謂的**品質管理**。我想上網應該也查得到……啊，就是這種圖表。

：我看看，這兩條UCL跟LCL的線代表什麼意思啊？

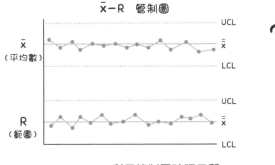

利用管制圖確認品質

：那叫作「管制界線」，UCL是「Upper Control Limit」的縮寫，翻譯出來後叫管制上界。

：所以下面的LCL就是「Lower Control Limit」的縮寫，也就是管制下界囉？就命名方式來看，應該就代表折線不能高於UCL或低於LCL吧？

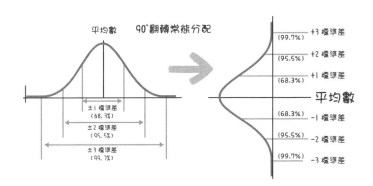

90度翻轉常態分配曲線有什麼用？

：這和前面提過的「常態曲線」有關聯。你們看看前一頁的圖表，我們先將左邊的常態分配曲線打橫變成右邊的樣子。

：我完全看不懂學姊想表達什麼……。

：看了下面這張圖，應該就會懂了。

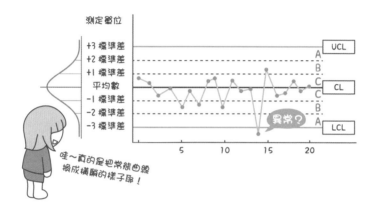

利用常態分配中標準差的概念

：好酷喔！這是常態分配跟標準差的應用嗎？原來如此，如果出現明顯的「異常產品」，折線自然會拐得特別厲害，而圖表中如果出現接近±3標準差（約99％）的資料，就代表生產品質可能不穩定，需要「趕緊檢查」。

UCL和LCL都有「界線」的意涵，所以超出這兩條線的話恐發生危險。

此外，品管人員也必須在折線超過UCL和LCL之前謹慎檢視有沒有「徵兆」。一般在檢視時會有固定的基準，如下表所見的JIS日本工業標準。然而這些規定充其量也只是參考（基準值），每間公司都應該針對自家生產的產品，規劃一套適合的規範。

盡早判別NG品（瑕疵品）徵兆與原因的準則

1	測定單位	資料點落在A區（3標準差）外
2	連（連續）	連續9點都落在以中心線為準的同一側
3	上升、下降	連續6點持續上升或下降
4	交互增減	連續14點上上下下起伏不定
5	2標準差外（近管制線）	連續3點之中，有2點落在A區（>2標準差），或是超過A區（3標準差）
6	1標準差外	連續5點之中，有4點落在B區（>1標準差），或是超過B區（2標準差）
7	中心化傾向	連續15點皆落在C區（1標準差）之內
8	連續1標準差外	連續8點都落在C區（1標準差）之外

這些判定的規則充其量只是參考基準而已喔

畫 **重** 點

沒想到常態分配

還可以用來推測產品是否異常

第 5 章

派出所越多，犯罪率越高？

～相關關係與因果關係到底有沒有關係～

假設現在要思考A店、B店的營業額為什
麼會有差異，這時我們經常會用到散佈圖
來分析相關關係。不過現實上，要從相關
性來斷定「真正的原因」並不容易。
讓我們來探討相關關係與因果關係之間，
究竟存在怎麼樣的關係吧。

相關可以看出什麼？

大和一早看起來心情不錯，見到上司與前輩都積極地打招呼。

理沙姊問他原因，他說：「我已經學會平均數和標準差，也理解抽樣調查的原則和範例，所以我想也差不多可以從統計學畢業了吧。」

當然，理沙姊忍不住給他一記當頭棒喝。

：說什麼鬼話？你想得未免太簡單了吧。平均跟標準差不過是統計學基礎中的基礎，只針對1項要素進行資料處理而已，這個社會的活動全都牽扯到複數要素呢。

：1項要素？複數要素？什麼意思？

：年終獎金的平均數和標準差，或是身高的平均和標準差，這兩種情況都有探討單一項要素，也就是「獎金」和「身高」的集中量數和離散趨勢而已不是嗎？可是大多數人的行動背後都有「複數要素」在互相作用。舉個例子，假設便利商店店長心想：「聽說明天氣溫會飆破35℃，進貨時多叫一點冰淇淋好了。」這就體現出氣溫與營業額之間的關聯。

：大和哥，這好像叫作「相關關係」。31頁的統計學地圖上不是有一處小字嗎？

：相關關係？

表現2件事情關係的「相關關係」？

下圖為表現「氣溫與冰淇淋購買金額（每戶）」關係的圖表。

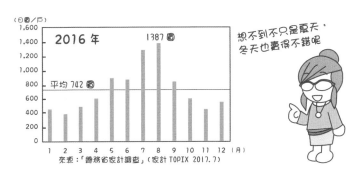

冰淇淋什麼時候賣最好？

而接下來這張則是某冰淇淋專賣店獨自蒐集資料所製成的圖表，內容為「冰淇淋販賣個數與氣溫的關係」。

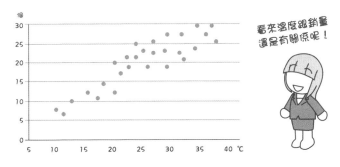

呈現氣溫與販賣個數的關係之後？

正相關、負相關、無相關

我們可以預料到氣溫越高，冰淇淋賣得越好，當然刨冰、啤酒、清涼飲料等類似的東西也會賣比較好。大體來說，兩者間的作用會呈現下圖的模樣，這種圖表呈現向右攀升的模樣，稱作「**正相關**」。

「正相關」的圖表為向右攀升

：原來如此。好比說「吃卡洛里越高的食物就會越胖」也是「正相關」呢！

：與其說「胖」，應該說「體重增加」比較恰當吧。雖然我覺得體質也有影響，但如果蒐集夠多人的資料，應該還是會呈現這種趨勢。

：胖不胖的確是主觀意見，但「體重」就可以用客觀的方式測量了。不過，既然有「正相關」，那是不是也有相反的模式呢？

：有喔，就是「負相關」。例如外套和成藥在冬天冷的時候大多賣得比較好，而隨著氣溫增高，銷量也會有下滑的趨勢。

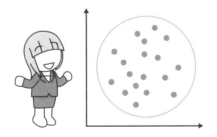

「負相關」為向右斜降

：我知道了。把剛才那張圖表的傾斜方向反過來，就會變成向右斜降。我現在連「負相關」也弄懂了！輕輕鬆鬆！

：有時我們也會碰到一種資料趨勢不明的情況，這種情況就稱作「無相關」。

也有稱作「無相關」的分布狀態

要怎麼用「數值」來表現相關？

　　雖然我們會說某些事情之間「有正相關」、「有負相關」，但不是所有情況都能一目瞭然，偶爾也會碰到「若有似無」的情形。所以才需

要用類似「離散程度」（變異數／標準差）的數值來表現相關性，幫助我們釐清什麼程度稱得上「相關性強」。

此外，「無相關」的判斷基準也因人而異，光用說的界線十分模糊，所以也該決定出一個參考用的基準數值。

：桃子，謝謝你幫我解釋什麼是相關。總之重要的還是「用數字表示」。如果可以用數字來表現相關的強弱，大家就有一個通用的判斷標準，容易進行比較、思考。所以結論是──**我們會以「－1～＋1」之間的數字來表示資料的相關強弱，這種數值稱作相關係數。**
怎麼樣，懂了嗎？

：正相關是正1，負相關是負1對吧？那有沒有一個界線可以區分相關係數從多少到多少是「強相關」，從哪裡開始又是「有相關，但關係不大」啊？

：界線喔。看來你已經養成「用數值劃分界線」的思考習慣了。不過相關上雖然有所謂的**相關係數（r）**，卻不是那麼嚴謹，真的只是「參考用」而已。

　0.7 ＜ 高度正相關　≦　1.0
　0.4 ＜ 中度正相關　≦　0.7
　0.2 ＜ 低度正相關　≦　0.4
－0.2 ≦　（無相關）　≦　0.2
－0.4 ≦ 低度負相關　＜ －0.2
－0.7 ≦ 中度負相關　＜ －0.4
－1.0 ≦ 高度負相關　＜ －0.7

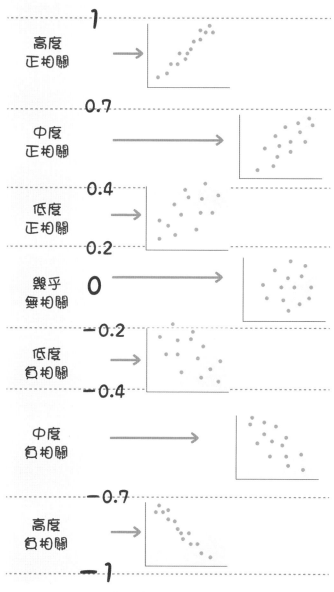

相關強弱的參考基準

靠感覺體會表現相關強弱的「相關係數」應該不難，但若談到怎麼計算，事情就沒那麼簡單了。相關係數的公式如下：

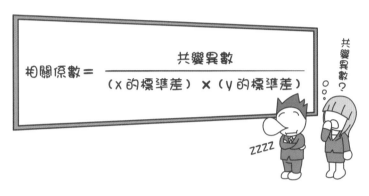

相關係數？光看到公式就讓人打瞌睡

大和與桃子看起來也快睡著了，所以我們就別深究相關係數的算法，直接進入實際應用的部分，學習如何判別「相關關係與因果關係」吧。

相關分成「正相關、負相關、無相關」

「相關強弱」則以數字−1～+1來表示

2話 有相關就有因果⋯⋯嗎？

許多公司裡也經常會運用到探討2筆資料間關係的「相關」分析。若會議上有人發表一份顯示相關關係的資料，與會者很容易產生這樣的誤會：「光看資料就知道兩者之間有關係！原來失誤頻頻的『原因』就在這裡！」然而就此下定論，恐怕操之過急。

為什麼我會說操之過急？

因為「**兩者之間即便具有相關關係，也不能保證具有因果關係**」。

有「原因」才有「結果」

如果有一項原因A，造就了結果B，那麼AB之間必然存在「**因果關係**」。

事出必有因！

原因 → 結果

原因的「因」跟結果的「果」

沒錯！有「原因」才有「結果」

而如果資料間**存在因果關係，則必然具備相關關係**（可能為正相關，亦可能為負相關）。

若某原因引發某結果，便看得出「相關關係」

那麼反過來成立嗎？

即使乍看之下有相關關係，卻不見得會有因果關係。

若資料間具有相關關係，就能說「兩資料間具有因果關係」？

所以一旦誤將相關關係與因果關係搞混，甚至在這種狀態下作出重大決斷，恐怕會害自己鑄成大錯。

相關關係與因果關係的定義？

 ：理沙學姊，難道不是只要有相關關係，就一定有因果關係嗎？不然散佈圖為什麼會出現相關的結果？

：真的是這樣嗎？最近我聽到一位市議員說的話，覺得很奇怪。那名市議員說他調查派出所的數量與犯罪案件數，得到了下圖的結果。

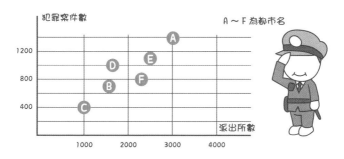

「派出所數量與發生案件數」之間的相關

：哇，兩者間明顯存在著相關關係呢。雖然計算相關係數需要套用前面那看了就煩的公式，但我直覺認為這裡的相關係數應該有0.7左右。真沒想到派出所數量越多，發生的犯罪案件數也越多，真是矛盾耶。虧那個議員想到要調查這種事情。

「派出所增加，犯罪事件也會增加」？

：咦？大和哥，你真的這麼認為嗎？我對議員調查兩者之間的關係是沒什麼意見啦……但我不解的是他說「這份資料就是派出所越多，犯罪率也越高的證據。所以只要減少派出所，就能降低犯罪率。」減少派出所的數量，真的有辦法降低犯罪率嗎？

「減少派出所就能改善犯罪情形」的理論到底正不正確？

這名議員就是認定「有相關關係即有因果關係」的典型範例。但其實很多時候，「兩者間即便看得出相關關係，也不會有直接的因果關係」。

桃子自行調查後，將結果做成下面這張表格。

	A市	B市	C市	D市	E市	F市
人口	35萬	15萬	9萬	24萬	27萬	19萬
派出所數	1500	1300	1000	2500	2600	1900
案件數	1300	700	400	1000	1100	800

桃子調查的人口與案件數量相關關係

光看表格恐怕看不出個所以然，所以我們改以簡易的散佈圖來呈現看看。

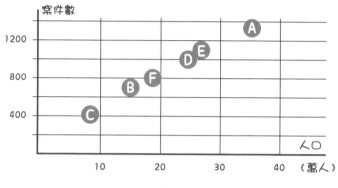

將表格轉換成散佈圖

：嗯……感覺比起派出所的數量，人口跟案件數的關係更大耶。所以其實不是「因為派出所多，案件數才多」，「因為人口多，案件數才多」的解釋更直觀。

：除此之外，也可能是「因為犯罪情形嚴重，才增設派出所」，或是「因為景氣變差，犯罪數才增加」。

：這麼說來，感覺政府應該想辦法振興經濟，減少企業裁員情形，才有抑制犯罪增長的效果，而不是像議員說的要「減少派出所」。

桃子說的沒錯，若誤判因果關係，就有可能作出錯誤的決策。像過去有人主張「增加上課時間會害成績下滑」，但這等於在說「書讀越久，成績就越差」，聽起來非常奇怪。如果這是事實，那學校就真的得「減少上課時數（絕對不能增加！）」了。

下表為一項跨國學生平均成績的調查結果，當時成績最好的國家是新加坡，他們1星期上2～3.5小時理化課的學生（24%），在國際考試中獲得的平均成績為618分，然而1星期上3.5～5小時理化課的新加坡學生（76%），平均成績則只有603分。乍看之下，或許真的會以為「上課時間越多→成績下滑」的因果關係成立。

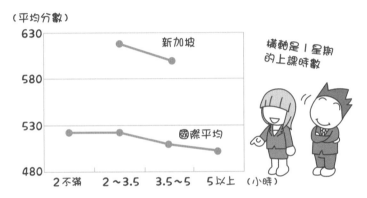

資料來源：第3屆國際數學與科學教育成就趨勢調查 中學組國際比較概要
（1997年日本國立教育研究所）

每週理化課上課時數與分數

其實，新加坡從國小五年級開始便會依成績進行分班，讓「成績偏低的學生接受補習，比學得快的孩子花更多時間慢慢理解內容」。由於有這項「花更多時間輔導落後學生追上進度」的教育政策，所以現象背後並非代表「上課時間越多→成績下滑」的因果關係，而是「理解速度較慢→增加上課時間來應對」的教育方針。很多國家似乎都有類似的作法。

像這樣，單看圖表上顯示的趨勢妄下定論，有可能會搞錯因果關係，在國家的教育政策或各方面埋下禍根。弄錯因果關係的後果不堪設想……。

有因果關係……也會有相關關係

就算有相關關係……不見得會有因果關係

小心虛假關係！

明明有相關關係，卻沒有因果關係的關係，通常背後都還藏有「其他因素」，這種情況我們稱作「**虛假關係**」，也就是存在兩者之外第三個變因的相關。

：桃子，你知不知道哪些虛假關係的具體例子啊？

：虛假關係的例子嗎？好比說「啤酒和冰淇淋的消費量有相關」怎麼樣？

：這個我馬上就能看穿。其實背後還存在著「溫度」這個第3因素。有沒有更有趣的例子？

：美國演員尼可拉斯凱吉一年中演出的電影數和在游泳池溺斃人數的相關，就是相當知名的一項範例。

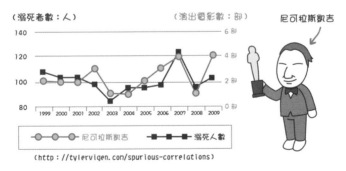

（http://tylervigen.com/spurious-correlations）

虛假關係──尼可拉斯凱吉與溺死人數間的相關

前頁圖表乍看之下，尼可拉斯凱吉一年演出的電影數量和該年溺死人數之間似乎真的「有相關」，然而尼可拉斯凱吉的電影也不是每一部都有游泳的場面，所以這項結果可以說純屬偶然。

除此之外，如果調查電視劇的廣告數跟某些事件，搞不好也會發現一些巧合的相關關係，但也只是牽強附會。

> **腳的大小和國字學習之間是有相關關係沒錯……**

：我也聽過類似的事情，說小學生「腳的尺寸和國字考試」之間有相關。聽說小學生的**腳越大，國字的讀寫能力就越好**。

：什麼，我怎麼不知道？我的腳雖然比較小，但沒想到是因為這樣，我的國字考試才考不好！

：你呆啊！這跟剛才尼可拉斯凱吉的例子一樣，我們現在舉的都是虛假關係的例子啦！！

理沙姊再度大發雷霆

：大和哥，抱歉，可能是我說明不夠仔細。這項調查結果的對象是「小學生」，不是大人。

：小學生從1年級～6年級，年年都在長大，腳的尺寸自然也會越來越大。重點來了，每到一個新學年，要學的國字也會變多不是嗎？而3年級的學生根本還沒學到4年級的國字，想當然漢字讀寫能力的高低根本和「腳的大小」無關，比較合理的解釋應該是因為「學年」不同。

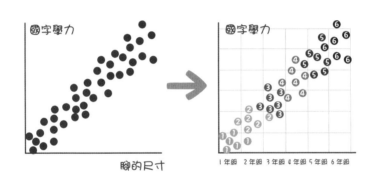

「腳的大小」和「國字學力」之間是什麼關係？

：這樣啊，我真是太慚愧了。但如果真的想調查「腳的尺寸和國字考試的成績」之間到底有沒有因果關係，首先要檢查各學年「腳的尺寸與國字考試」間的相關才對！

：沒錯沒錯，就是這樣（汗）。

千萬別被偶然的相關關係欺騙

「尼可拉斯凱吉演出電影數與溺死人數」這種兩者一看就八竿子打不著的例子，應該不會有人當真。然而虛假關係恐怖的地方在於，你可能到處蒐集資料後，突然發現有些資料「好像有相關」，而且難以辨別是真是假。

這筆資料跟另一筆資料之間有明顯的相關關係哦！

　　換句話說，若有心要騙人，相關資料要多少有多少。所以不想被騙，只能訓練自己，養成看到資料時可以斷言「有相關關係，但沒有因果關係」的能力。

　　還有，當自己進行提案時，也要先想想手上資料「是否只有相關」，並且花心思驗證「因果關係」。

很多情況是即便相關，卻無因果

別被沒有因果關係的虛假關係給騙了！

看霍亂學因果？

19世紀倫敦爆發的霍亂，成了統計學歷史上巨大的轉捩點，同時也是「**流行病學**」的濫觴。

流行病學是一門探究集團（因為是集團，所以會使用統計學）內疾病發生之原因與對策、預防方法的學問，最早源自霍亂等傳染病的應對措施。

倫敦曾數度流行霍亂。19世紀，英國人認為「霍亂會透過不好的空氣（瘴氣）傳染」，鬧得人心惶惶。不過約翰・斯諾（John Snow，1813～1858）醫生將因霍亂病逝的患者的位置標註在地圖上後，確信霍亂並非經由空氣傳染，而是「經口感染」。他依獲得的情況證據，封住特定幾口井，成功抑制疫情擴大。

嗯……看樣子問題就出在這口井上只是原因還不確定

從霍亂病例地圖鎖定「發源地」

演繹法與歸納法的不同

：所以調查霍亂原因的舉動，大大推動了統計學的進步嗎？

：是啊。統計學和純數學有些地方不太一樣。你想，數學通常是基於絕對正確的「公理」，衍生出眾多定理的學問，像這種採用**演繹法**推導出的結論，也會是正確的結論。

：總覺得好抽象，聽得我一頭霧水。有沒有一些具體或好懂的範例⋯⋯。

：如果要舉有名的例子，應該就是「人註定會死，蘇格拉底是人，所以蘇格拉底難逃一死」，聽過嗎？「人註定會死」是絕對沒有問題的命題，接著基於這個命題，經由「蘇格拉底也是人」推論到「蘇格拉底會死」。這種方式稱作三段論法。

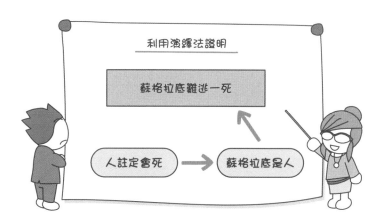

三段論法（演繹法）以絕對正確的命題為出發點

：喔，這個我有聽過。原來如此，從絕對正確的概念出發，跟數學上的證明過程一樣呢。嗯？那統計學又不一樣了嗎？

：統計學通常是先有大量的事實、事例，才開始推論「這些例子之間有什麼共通的原因」，也就是從許多個別事例，歸結出一個普遍的概念，這種方法稱作**歸納法**。

：是哦～歸納法。那學姊有沒有什麼淺顯易懂的範例啊？

：我想想。「蘇格拉底死了、柏拉圖死了、亞里斯多德死了、××也死了……」若從這些大量的事例中推論出「共通點」，就會得到「人都會死」的結論。雖然有時也可能會歸納出錯誤的結論，不過歸納法除了統計學之外，也經常運用在AI（人工智慧）上喔。

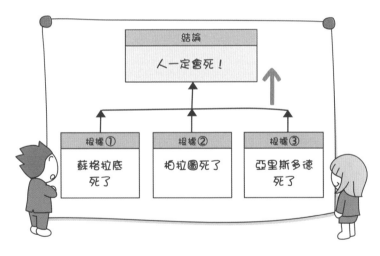

由事例得出結論的歸納法

即便不知道真正的因果關係⋯⋯

本節一開始提到，19世紀的倫敦人原本以為「籠罩著整座城市的糟糕空氣（瘴氣）就是霍亂的原因」，然而當斯諾博士透過歸納法，觀察諸多患者（無數的事例）的生活，並將病例出現位置標記在地圖上後，便轉移了懷疑的焦點，開始思考「原因或許不是空氣，而是水」。

：所以斯諾博士知道真正的病因啊！

：唔⋯⋯可惜，他所掌握的資訊還稱不上「原因」。你們再看看下面這張表格，明明A公司和B公司都是從泰晤士河汲取飲用水，但造就的結果卻完全不同。

▼A自來水公司與霍亂死亡人數的相關關係

	間數	霍亂死亡人數	每萬戶的死亡人數
A公司	40046	1263	315
B公司	26107	98	37

出自「On the Mode of Communication of Cholera」

：真的耶。每萬戶人家的死亡人數差好多。這又和先前提到的井水不一樣，是泰晤士河的水呢。

：光看這些資料，也找不出真正的原因。不過就斯諾博士的調查來看，可以清楚得知「飲用A公司水源的家庭，霍亂死亡人數比飲用B公司水源的家庭多出8～9倍」。

：確實看得出相關呢。不過也不能斷言是因果關係吧？這種時候要怎麼辦？

：斯諾博士倡導大家不要使用A公司的自來水。這種時候可管不著無罪推定的原則，總之有嫌疑就先禁止使用。如果等到原因水落石出才行動，霍亂疫情只會進一步擴散。**所以就算不知道真正的原因，還是可以依據相關的資料做出行動。**

有些情況下就算還不確定因果，仍需當機立斷

有時也需要「憑相關關係行動」

斯諾博士雖然推測「霍亂的病因在飲用水中」，但並沒有從自己使用的顯微鏡下發現霍亂弧菌。很多時候我們即便很想一路鑽研出因果關係，現實卻不見得這麼簡單。

引發霍亂的霍亂弧菌，一直要到斯諾博士死後（1858年）好長一段時間，才由德國人羅伯‧柯霍（Robert Koch，1843～1910）於1884年發現，並查明**霍亂弧菌會隨著人類的排泄物進入水中，而飲用到汙染水源的人就可能被感染。**

以科學方法查明「霍亂弧菌與致病機制」後，「因果關係」終成定論。但難不成完全確定因果之前，都要按兵不動嗎？霍亂可不是放

在實驗室試管內研究的病菌，而是實際發生於倫敦社會的災難。

這種情況下，即便不知道真正的原因，仍要將蒐集而來的資料歸納出可能的結論，並付諸行動控制疫情。就這方面來說，流行病學的確對統計學發展帶來了莫大的貢獻。

話又說回來，其實在1884年柯霍發現霍亂弧菌的30年前（1854年），義大利學者帕西尼（Filippo Pacini）就已經發現霍亂弧菌的存在，只是當時學會並不承認。日後這項發現受到認可，而由帕西尼所取的名稱「Cholerae」也因此一直保留至今。

：統計學的教科書上雖然總會寫「即便具有相關，也不見得具有因果」，但我想現實上，還是有很多不得不倚賴相關做出行動的情況。

：咦？學姊你剛剛說什麼？

：沒事，只是自言自語。

我們時常不知道一件事情要多久才能查明因果關係

這時只能依靠「相關」來推測因果，

並根據推論付諸行動

第 6 章

畫「1條線」幫助思考！
～迴歸分析的進擊～

若從散佈圖上看出相關，那麼再畫上1條直線，就有辦法預測「未來」。但要注意的是，如果線條畫法出錯可能會造成誤解。簡單的直線，其實不簡單……。

究竟該怎麼畫，才能畫出一條完美的直線呢？

大膽畫下一直線後的發現

前面提過，散佈圖可以搭配「－1～＋1」的相關係數來表現資料相關強弱。

我們將某公司投入的宣傳費用與營業額的關係畫成散佈圖後，呈現以下的模樣。橫軸是宣傳費用，縱軸則是營業額。該如何從這張圖看出更多可能的資訊呢……

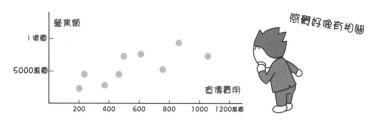

宣傳費用與營業額之間疑似有相關

1條線就能「預測未來」？

：這張圖是我們公司在報章雜誌、網路上花費的「廣告宣傳費」和對應的「營業額」呢。公關部在營業會議上拿出這張圖表說明「宣傳費用與營業額息息相關，如果投入更多宣傳費用，營業額也會越好」。看起來確實有這種傾向。

: 反過來說，「宣傳費用刪減，營業額也會按比例下滑」囉？雖然只是很大概的趨勢。

 : 雖然不是很精確，看圖表還是很明顯有往右斜升的現象。所以這兩者是正相關。

 : 沒錯。那我問你，如果像這樣多畫一條線上去，看起來怎麼樣？

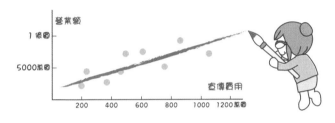

在散佈圖上畫一條線

 : 理沙學姊真大膽。不過畫了線會發生什麼事？

 : 奇怪？這樣子看來，就代表「宣傳費用若增加到1200萬圓，營業額可以達到1億圓」的意思嗎？

 : 原來是這樣。根據散佈圖上資料本來的趨勢畫出直線後，就可以大致猜想未來的情況了！

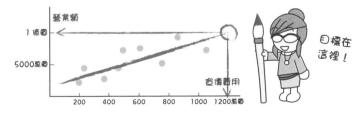

如何將營業額提升至1億圓？

：也就是說，可以**預測未來**嗎！？

蒐集過去資料，繪製散佈圖時，可以加上 1 條線來總結整體資料趨勢。這條方便的線稱作「**迴歸直線**」，而利用迴歸直線進行分析的方法就稱作「**迴歸分析**」。

進行迴歸分析時，一般會將**因素放在橫軸，結果放在縱軸**，所以範例圖表中將宣傳費用多寡等「因素」放在橫軸，將隨之變動的營業額這項「結果」放在縱軸。

：就這張散佈圖來看，我的線大概會畫成這樣。我畫！怎麼樣？桃子會怎麼畫？

：應該會這樣吧。我畫的線跟大和哥的不一樣呢。

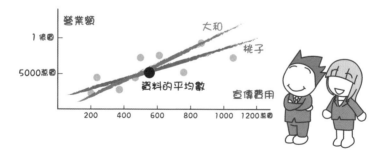

隨手一畫，發現兩人的線對不起來

172

：畢竟是隨手亂畫的嘛。

：是啊。如果隨意下筆，每個人畫出來的線都會不一樣，也沒辦法說服上司，經費自然更難申請。桃子！我考考你，如果要畫出一條大家看了都覺得「原來如此，如果是這樣畫的我就能接受」的線，該怎麼畫？

思考如何畫出誤差最小的直線

：首先這條線一定要通過資料的平均，然後最好離大部分的點都不會太遠，這麼一來就能盡可能縮小散佈圖上每一點與直線間的差距了。是不是這樣？

：嗯。不過不是「盡可能縮小」，而是找出「誤差最小的那條線」。就像下圖所見，畫出來的線**必須是預測的式子（通過資料平均數）與實際資料間的差為「最小」的結果**。

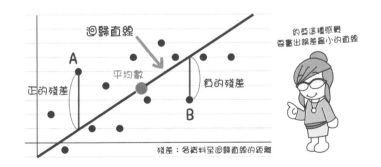

必須畫出各項資料與直線間距離「最小」的直線

理論上正如理沙姊所說，與所有實際資料之間誤差最小的那條直線，就是「迴歸直線」。

　不過實際上，我們會將正的殘差（各資料與迴歸直線間的距離）與負的殘差分別平方後加總，並想辦法將總和「最小化」，過程十分複雜（最小平方法）。

　關於這點我們暫且不談，計算的過程可以交給Excel來處理，至於方法就留到下一節說明吧。

迴歸直線的功能就在於

僅以1條線來表現散佈圖中資料的傾向

2話 借助Excel的力量畫出迴歸直線

「了解迴歸直線的意義」之後，就可以進入實作階段，也就是實際畫線了。

各位還記不記得國中學過的直線方程式「y＝ax＋b」？

這個方程式中，a是「斜率」（統計學上則等於「迴歸係數」），b是「截距」。

直線的斜率、截距是什麼意思？

迴歸直線也符合「y＝ax＋b」所畫出來的圖形。就算早就忘了以前學過的斜率、截距也不礙事，總之現在記得迴歸直線會呈現「$y＝ax＋b$」的圖形就好。

想要用身高計算出體重？

身高與體重之間不難想像會具有某種程度的相關。

就身材纖細的人來說，身高越高的人，照理說體重也會越重，換作

身材肥胖的人也會有一樣的傾向。接著我們配合以下數據，思考一下身高與體重間的相關到底有多強。

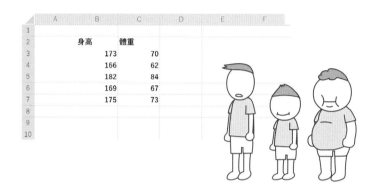

身高與體重的資料

：將上圖資料直接丟給Excel就可以得到下圖。只要輸入數字，點選插入散佈圖就搞定了。

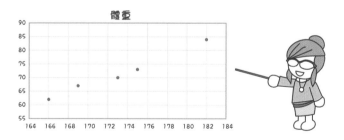

身高（橫軸）與體重（縱軸）的資料

：明顯有相關呢。不過線要怎麼畫？剛才聽學姊說迴歸方程式的計算方式很複雜，所以可以直接讓Excel幫我們處理是不是？

：的確。首先看資料的位置，身高位於B3～B7的儲存格，體重則位於C3～C7的儲存格。計算相關係數時使用的函數是「correl」，範圍設定在B3～B7與C3～C7，所以輸入「＝correl (B3:B7,C3:C7)」。

=correl(B3:B7,C3:C7)

	A	B	C	D	E	F
1						
2		身高	體重		相關係數	0.9923389
3		173	70			
4		166	62			
5		182	84			
6		169	67			
7		175	73			
8						

相關係數算出來是0.9923……

：好厲害，0.9923……相關係數居然這麼輕鬆就算出來了。接下來該怎麼做？

：點選剛才那張圖表中的任一點，然後選擇「加上趨勢線」。

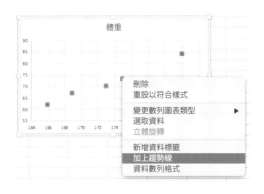

加上趨勢線

177

第6章 畫「1條線」幫助思考！

如果這裡勾選「圖表上顯示公式」，你看，圖表上就會出現方程式了。

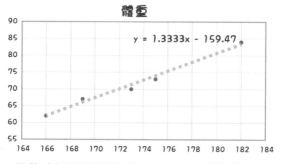

不僅列出迴歸直線的公式，連線都幫我們畫好了

成功畫出迴歸直線！

　　Excel替我們漂亮地畫出了與各點之間都很接近的線條。人類就算在這種地方上跟Excel較勁也沒有勝算，乾脆大方借助Excel的力量。上圖中，圖表與公式之間的距離因為太近而看不清楚，加上文字也很小，所以我們把文字加大，並稍微移動位置，調整成下圖的模樣。

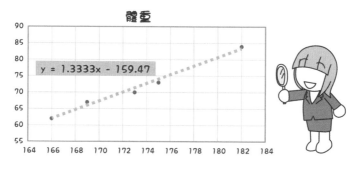

表現身高與體重間關係的迴歸直線

如各位所見，就算不親自進行麻煩的計算，也可以在圖表上畫出迴歸直線。擺脫計算的麻煩固然是好事，不過也必須注意，就算人為輸入資料時出錯，螢幕也會馬上跳出答案，所以我們必須磨練自己的敏感度，當資料有問題時能馬上察覺「這個數字不對勁！」

：所以，迴歸直線到底是什麼東西啊？

：就我的理解，拿身高與體重來說的話，就是用來表現兩者間相關程度強弱的指標。剛才例子中的數字算出來是 0.9923，所以我們就知道兩者之間有高度相關呢。

「迴歸分析」的目的在於表現兩資料相關強弱

我們不必親自計算，可以借助Excel的力量，加快工作腳步！

均值回歸？

　　讀者是不是很在意迴歸直線、迴歸分析中都出現的「**迴歸**」兩個字呢？其實，這是身兼遺傳學家與統計學家的英國爵士法蘭西斯·高爾頓（Sir Francis Galton，1822～1911）於1877年提出的概念。那個年代，達爾文的進化論大行其道（高爾頓是達爾文的親戚），世人相信「高個子的雙親可以生出高個子的孩子」、「天才世家的小孩也會是天才」。雖然這些都能拿「遺傳」來解釋，不過高爾頓猜測，也許子代並不會完全繼承親代的性狀，於是著手調查多組親子的身高，做成類似前頁所見的表格。

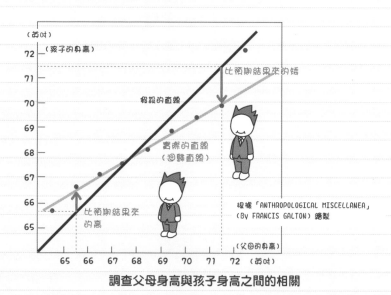

調查父母身高與孩子身高之間的相關

根據圖表，身高較高的父母（橫軸）看起來確實能生出身高較高的孩子（縱軸）。

不過再重新審視一次橫軸與縱軸，會發現父母平均身高為65～73英吋（165.1cm～185.4cm），差距多達8英吋（20cm），而孩子的平均身高差則縮小到只有6英吋（15cm）左右。

「**原先的差距有縮小的現象**」，因此高爾頓認為，父母的身高只有2/3會遺傳給孩子，剩下的則「**回歸平均**」。回歸（迴歸）這個用詞，就是從這裡誕生的。

考試分數也是常見的均值回歸範例。例如第1次考試考特別高分的人，在第2次考試時回到了接近平均的水準。這是因為第1次成績特別優秀的人之中，還包含了一些「運氣好」的人，而那些人通常在下一次考試時，分數就很容易下滑。這項結果說明了**第1次考試時高分者的平均分數，在第2次考試時卻接近普通組平均分數的現象**。

「生涯第2年的魔咒」也是類似道理。這個現象指新人選手第1年表現卓越，第2年成績卻下滑的現象。雖然可能是因為其他隊伍開始研究該新人，不過也可能是因為他第1年就繳出了頂級數據，所以第2年自然只有下滑的份。我們只要理解「均值回歸」的背後可能有這些原因就好了。

一項結果可不只一個原因哖！

：精通迴歸分析囉！我已經能體會「畫一條線來表現散佈圖上資料趨勢」的意義，也學會如何用Excel得出公式，看樣子已經能將迴歸分析運用自如了呢～。

：不是吧？哪來的自信說自己精通迴歸分析了？你這才在簡單迴歸的階段而已呢。

：什麼是「簡單迴歸」？

：迴歸分析中最簡單的部分。剛才我們不是把宣傳費用放在橫軸，營業額放在縱軸嗎？那是因為我們要處理的變因只有1個「宣傳費用」，所以才能假設宣傳費用為x時，營業額是y，進而得出「y＝ax＋b」的式子。這種情況就叫作「**簡單迴歸分析**」。

：我懂了，因為假設變因只有1個，才會叫「簡單迴歸分析」啊。

：不過現實上，會影響營業額的變因有很多對吧？除了宣傳費用之外，還有業務員的數量、商品力、甚至連當天的溫濕度、周圍有無競爭店面都會影響。

仔細一想，應該能想出不少會對營業額這項結果（y）造成影響的變因（x）。將複數變因納入考量所進行的迴歸分

析，就稱作「複（多元）迴歸分析」。如果認為只有宣傳費用會影響營業額，那可就大錯特錯了。

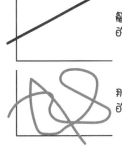
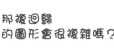
簡單迴歸的圖形長這樣

那複迴歸的圖形會很複雜嗎？

簡單迴歸與複迴歸差在哪裡？

變因超過3個也能畫成圖嗎？

：理沙姊，我明白考量多項變因比較符合實際情況，不過像簡單迴歸的公式寫作「$y = ax$」或「$y = ax + b$」，圖也是化成 x、y 二維座標圖，也就是說——

　　變因只有1個……會畫出擁有 x 軸、y 軸的二維圖表

複迴歸分析的話，變因增加，那圖畫出來會變什麼樣子？

：我們直接試著增加變因看看。假設現在有2項變因，分別是宣傳費用（x）、業務員數量（y），而營業額（z）為結果，那麼方程式就會寫成「$z = ax + by + c$」。式子變得很長，不過你們忍耐一下。所以說，

　　變因有2個……會得到 x 軸、y 軸、z 軸的三維圖表。大概長這樣——

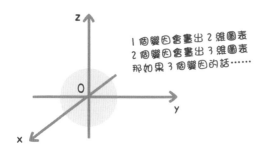

若變因有2個，便會畫出3維圖表

：我懂了，變因有2個（x, y），結果1個（z），所以會畫出三維的圖表！

：我還想知道如果變因繼續增加，變成3個以上會怎麼樣？比方說加入溫度、競爭對手等要素……。

：講到重點了。變因若超過3個，譬如宣傳費用（x）、業務員數量（y）、溫度（z），而結果是營業額（p）……。

：我知道。因為有3個變因，所以包含結果在內，圖表應該要有4個軸……。

：沒錯。簡單來說，「**四維以上的圖表是畫不出來的**」。變因如果有3項（x, y, z），包含結果（p）在內，理論上必須畫在四維座標上，所以現實上根本畫不出來，也看不到，只能在沒有圖表的情況下，單純就3項變因去探討現象。

：果然會變成這樣。人類的想像力範圍好侷限喔。

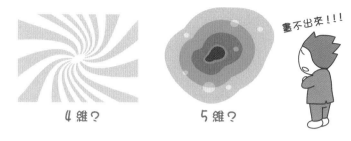

4維座標、5維座標是什麼？畫不出來！！！

我們活在三維（若含時間軸在內則成四維）世界，所以四維以上的圖表既看不到，也畫不出來。我們能知道的，就只有變因變成3個而已。

不過寫成方程式的話，無論是100個變因，還是1萬個變因，都可以像下面這樣寫出來：

$$a_1 x_1 + a_2 x_2 + \cdots\cdots + a_{100} x_{100}$$

而電腦也算得出結果。如果是在以前，人必須親自計算，但現在都可以交由電腦代勞了。

複迴歸分析的目的在於找出複數變因與結果間的關係

不過一旦有3個以上的變因，便無法畫成圖表

Amazon計算錯誤？

> ## 明明算術平均數是「4」，為什麼結果出現「3.8」？

　　我們以Amazon的商品評價（評論）為例來解說一下複迴歸分析。右圖為某商品的評價。

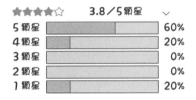

跟算出的平均對不上！

　　評價分成5個階段，現在有5個人發表評論，其中3個人給5顆星（★），1個人給4顆星，1個人給1顆星。所以算數平均數為——

$$\{（5分×3人）＋（4分×1人）＋（1分×1人）\}÷5人$$
$$＝4 \quad\cdots\cdots ❶$$

然而Amazon上的評價卻顯示「3.8」。

難不成是Amazon的主機運算出錯？

很難想像。所以我們先來看看Amazon的評價機制：

Amazon並非直接計算所有評論之平均，而是利用機器學習模型計算商品評級。機器學習模型會考量評論者年齡、顧客投票之有效性、評論是否來自實際購買者等因素。

　　也就是說，Amazon計算分數時有以下幾個考量點：

①不以❶的方式計算評論者評級的算術平均數

②評論者是否真有購買該商品

③該評論對其他顧客是否「有幫助」

①的所謂**「非算術平均數」，換句話說即是「加權」**。這是為了避免計算到某產品公司的人明明沒購入該商品卻留下「5星」的評論，或是競爭對手為了拉低商品評價，故意留下「1星」的評論等情形，所以評論的人「是否為實際購買者」，會大大左右評論本身的可信度。

筆者自己亦尤其重視實際購買者所發表的評論。

「權重」不相等？

另外，系統會將實際使用者的評價，視為對潛在的購買者有意義的意見。而這項判斷也會影響到「③有幫助」的數字。如此一來，假設評分方式中加入了以下幾點考量：

①評論的算術平均分數（ x_1 ）

②是否自Amazon購入（ x_2 ）

③該評論「對他人有助益」的人數（x_3）

下列的方程式便會成立。a, b, c 為權重（迴歸係數），d 為截距，這些因素決定了最終顯示出的「評價」。

$$y = ax_1 + bx_2 + cx_3 + d \quad \cdots\cdots \quad ❷$$

（這裡先簡單假定為一次方程式）

用身高、腰圍、胸圍來試算體重

：❷的方程式，就是替①～③3個要素各自加上權重的意思嗎？

：對，就是這樣。換個不同例子來練習計算複迴歸分析好了。有什麼好用的例子呢？

：我想算算看體重。同樣身材纖細的情況下，160cm的人和190cm的人相比，190cm的人照理說會比較重吧。但每個人的體型又不一樣，所以就算身高一樣，腰圍較寬的人應該也會比較重，感覺這就可以舉出2到3個變因，列出計算體重的方程式了。

：嗯，好主意。不過要找到這麼合我們意的實際資料可不容易，所以我們編一組看起來煞有其事資料來計算吧。假設現在有10個人的資料。

：「$y = ax_1 + bx_2 + cx_3 + d$」，a是身高、b是腰圍、c是胸圍的係數。接著代入近藤先生的資料，也就是 $x_1 = 176$、$x_2 = 88$、$x_3 = 96$，會得到 $y = 72$（體重）。以同樣的方式一一代入土方先生、沖田先生的資料……。

	A	B	C	D	E
1		身高	腰圍	胸圍	體重
2	近藤勇一	176	88	96	72
3	土方歲二	173	86	88	66
4	沖田總治	180	83	90	65
5	原田右之助	178	86	90	70
6	內藤　一	182	85	90	68
7	島田　魁	186	102	102	90
8	吉岡貫一	176	86	92	71
9	藤堂　平	168	83	84	66
10	武田観柳	165	90	92	70
11	井上源三	163	94	94	72

體重與其他3項資料

：土方歲二？沖田總治？總覺得怪耳熟的。理沙學姊不只是理
科狂人，還是歷史狂人嗎？

：少囉嗦。我們將資料丟給Excel進行迴歸分析後得到的結果
如下表所示。我就不解釋用Excel迴歸分析的操作步驟了，
你們自己查！

	係數	標準誤	t
截距 d	-75.9155	18.5384	-4.0950
身高 a	0.2899	0.1132	2.5616
腰圍 b	1.0729	0.2690	3.9886
胸圍 c	0.0168	0.3469	0.0483

算出各筆資料的「$y = ax_1 + bx_2 + cx_3 + d$」

：數字好細喔。稍微整理一下尾數好了。

$$y = 0.29x_1 + 1.1x_2 + 0.017x_3 - 76 \quad \cdots\cdots$$

這個方程式裡最大的係數是腰圍「1.1」，所以我們可以認
為腰圍對體重的影響程度最大對不對？

：若單就這裡舉的例子來看，由於3個變因（身高、腰圍、胸圍）的單位都是「cm」，所以你的結論沒什麼問題。不過當每個變因的單位皆不同時，例如「金額、人數、競爭店面數」，就需要利用其他數值（t值）來判斷每個變因的影響程度了。

其實我們平時就帶著「加權」的意識在工作、生活，只是自己可能沒有察覺。

舉個例子，M是一位業績亮眼，會拿資料說話，陳述意見邏輯清晰的人，而Y則是想到什麼就說什麼的人。部長在尋求M跟Y的意見時，若雙方意見不同，部長自然而然會選擇採納M的意見。這也算是一種變相的「加權」行為。

：等一下～該不會那個「M」指的是桃子，然後「Y」是在講我吧？

：巧合啦。巧合。（這一點倒是挺敏銳的！）

複迴歸分析時不僅需思考「複數變因」，

還要考慮「權重」

其實大家平時也會做出加權的舉動！

第 **7** 章

真實收視率有多少？

～點估計與區間估計的用法～

最後，我們要以電視收視率為例，來學習
從樣本推測出整體（母體）平均數與其他
數值的方法。

電視收視率可以說是只要有1%，甚至是
0.1%的不同就能「分高下」的激烈戰
場。不過這數字到底是怎麼求出來的
呢……？

點估計？區間估計？

第4章我們提過「聞一知百」這句話，欲從非常少量的樣本來推估全體情況絕非易事，這點看總統大選預測就知道。

而且想要順利推論出正確結果，還必須確保「樣本為整體的縮影」。若使用偏頗的樣本，那麼就算蒐集多達200萬人的資料，還是會輸給仔細分層抽選出3000人的資料。

那麼，下一個階段的問題就是「該如何推估整體」。這裡告訴各位2個從樣本來推論出「整體平均」的方法。

一種是「點估計」，另一種則是「區間估計」。

簡易的「點估計」

：我最近老是覺得自己睡眠不足。聽說有一個名詞叫作「睡眠負債」，但睡眠的平均時間到底是多少啊？

：不知道耶。我想應該有人有調查過，不過碰到這種馬上需要資訊，手上卻沒有的情況該怎麼辦？

：如果很急，就只好拿我們3個人的平均睡眠時間假設成「全體國民的平均」了。我是6小時，桃子是7小時嗎？大和的話……8小時30分啊。我們3個人的平均算出來是7小時10分鐘，所以我們可以斷定日本人的平均睡眠時間「就是7小時10分鐘」。如何？這種推論法？

：呃……就我們3個人的平均，不至於代表全國吧。

：只有3個人確實太少了，不過像這種推論出單一點結論的方法，就稱作「**點估計**」。

點估計是
瞄準1點的推論方法！

啊，果然
射偏了……

點估計是一招定生死？

：不過我挺喜歡「瞄準1點」的。例如「6小時29分45秒」這種精準到以秒為單位的結果，看起來很舒服。

：但如果以1秒、1圓、1毫米為單位，可能會有人感覺不出誤差或錯誤，一口咬定「就是這個數字沒錯」不是嗎？
日本總務省舉辦的「家計調查」中會發表每個家庭的各項消費活動，不過你也知道，每年總有幾座城市會爭奪特定商品銷量「日本第一」的寶座，每座城市卯起來角逐王位時可沒有在跟你客氣的。而家計調查又是採抽樣調查，你搞不好以為1圓跟10圓的差距還屬於「可容許的誤差」，但光這一點差距就足以讓冠軍易主呢。

點估計也會有誤差……

點估計的缺點在於看不出「誤差」。即便每個調查機構的調查過程紮實，只要他們調查的對象仍只是樣本，結果肯定會有誤差。而調查機構不同，算出的數字也會不一樣。

時光稍微回溯，2009年OECD（經濟合作暨發展組織）的調查報告指出，日本人平均睡眠時間為7小時50分。不過2010年NHK放送文化研究所「國民生活時間調查報告書」的調查結果則是7小時14分。就算調查機構不同，年份也不同，年平均數竟然可以相差到36分鐘，而不是1分、1秒這種小出入。

結果差這麼多，就算有人主張「多虧了縣政府的健康增進政策，我比去年平均多睡了3秒」，我們也很難判斷到底是不是政策帶來的結果。

推論出具有一定範圍結果的「區間估計」

：我明白了，原來是這麼一回事。如果不假思索地接受「點估計」的結果，事情就大條了呢。但我還是比較喜歡簡單明瞭的結論的說。

：不然這樣，我們不要像點估計一樣把結果集中在一點上，而是有段「區間」，例如改成「真實平均睡眠時間有50%的機率會落在6小時30分～7小時30分的範圍內」，這種說法就有考量到樣本所造成的誤差了。

：有區間的結果，這點子真不錯。不過只有50%的機率感覺有點靠不住呢。

：不然多增加一些調查的對象數，提高機率，變成有「90%」或「95%」機率會落在「6小時50分～7小時10分」這20分鐘以內的話如何？

：桃子的想法非常棒。這種有「××％」的機率會「落在●●～◎◎」範圍內的說法，正是「區間估計」。

「區間估計」推論出的結果具有範圍

　　前面提過統計學分成「敘述統計學」與「推論統計學」。推論統計學是以抽樣調查為前提所進行的統計，故樣本的平均數終究是「樣本的平均」，不會與整體（母體）的平均一致，就像理沙姊他們一樣，只是將3個人的平均睡眠時間假定為「全日本人睡眠時間」而已。

不過從樣本的平均數、標準差來推估整體（母體）的平均數、標準差，就是「推論統計學」在做的事情。而總結來說，這種情況下，我們有點估計和區間估計2種作法。

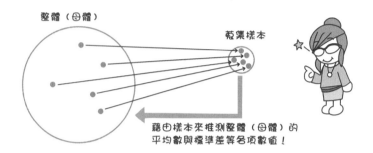

從樣本資料來推定母體資訊的行為便屬於推論統計學

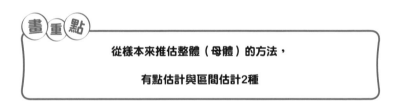

2話

藉由收視率進行深入探討！！

接著我們要試著從電視的收視率（抽樣）來推測母體的收視率（真實收視率）。

電視收視率的計算公式十分複雜，桃子搜尋之後，發現公式長下面這樣：

$$p - 1.96 \times \sqrt{\frac{p(1-p)}{n}} \leq 收視率 \leq p + 1.96 \times \sqrt{\frac{p(1-p)}{n}} \cdots\cdots ①$$

p？n？
我投降了！
拜託先告訴我公式的意思！

表現收視率誤差的方程式

這道算式中的 p 為收視率調查中獲得的收視率（樣本），n 則為家庭戶數（資料筆數）。

日本首都圈約有1800萬戶人家，其中有900戶設置調查收視率的機器，所以這裡先假設「$n = 900$」。接著只要等調查機構公布收視率（樣本家庭的收視率 = p），就可以計算出大概的收視率了。

前頁被兩分數式夾在中央的「收視率」，就是我們想知道的「真實收視率」。但實際上我們只有900戶的樣本，所以就算得到「收視率10％」的結果，正負兩側也應該多少有誤差，至於其誤差的範圍就在

$$p - 1.96 \times \sqrt{\frac{p(1-p)}{n}} \quad \text{與} \quad p + 1.96 \times \sqrt{\frac{p(1-p)}{n}}$$

之間。

收視率也會有正負誤差

：看起來好複雜。不過現在「範圍」是出來了，「◎％的機率」又在哪裡？

：感覺上應該跟方程式裡面的「1.96」有關係，雖然我不知道1.96是怎麼來的，也不知道代表幾％就是了。

：桃子你忘了嗎？常態分配的情況下，
「平均數±1標準差範圍內的資料量」有68.3%
「平均數±2標準差範圍內的資料量」有95.5%
「平均數±3標準差範圍內的資料量」有99.7%

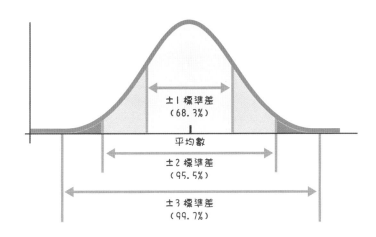

±1標準差
(68.3%)

平均數

±2標準差
(95.5%)

±3標準差
(99.7%)

分別落在1倍、2倍、3倍標準差內的資料率

：我記得！可是這裡沒有看到「1.96」的數字啊……

> **將機率換成95%、99%**

也難怪桃子會說「沒有看到1.96的數字」。確實照目前我們所學來看，標準差與機率的關係如上圖所示，也就是──

±2倍標準差 → 機率95.5%
±3倍標準差 → 機率99.7%

雖然直接拿這個數字來用也沒關係，但一般人可能會覺得「機率大約95.5%」這個數字不上不下的。

倒不如直接說「機率95％」或「機率99％」還比較清楚明瞭。

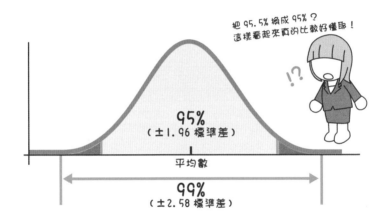

將機率換成95%、99%

接著我們以95％和99％的機率為準，來計算出符合比例的標準差數值，就會得到以下結果。

機率95% → 1.96±標準差
機率99% → 2.58±標準差

如此一來，拿「機率95％」、「機率99％」來說明也簡單多了。不過有利必有弊，原本以整數表現的標準差，則變成了1.96倍、2.58倍這種不太好看的數字。前面公式裡的1.96就是這樣來的。

：所以1.96或2.58是資料誤差的幅度。公式中若使用1.96，則代表機率為95％，而使用2.58則代表機率為99％。

：也就是說，197頁圖中①的式子裡出現了「1.96」，就算不另外說明，算出來的結果自然會是機率「95％」的情況囉？

：那如果把1.96的部分換成2.58，是不是就能計算出「99％」範圍內的資料？

：沒錯，就是這樣。看你們已經大致了解公式的意義，差不多可以直接進入收視率的例子了。現在來比較收視率18％的節目A，還有21％的節目B吧。我們只需要將0.18和0.21套入方程式，計算的部分一樣交給Excel來處理。你們覺得誰的真實收視率比較高？

：什麼意思？我們不就只是要計算18％和21％的誤差範圍而已嗎？

誤差在3％之內都有可能發生逆轉勝

於是大和實際將數字輸入Excel進行計算。要輸入的只有：

節目A …… $p = 0.18$、$n = 900$
節目B …… $p = 0.21$、$n = 900$

	A	B	C	D	E	F
1	◆收視率的計算					
2		節目名稱	調查收視率	區間估計（900戶）		
3		A	18%	0.155	～	0.205
4		B	21%	0.183	～	0.237

用Excel來計算收視率的誤差範圍

答案算出來了。根據調查機構公布的收視率，節目A的為18%，節目B為21%，再加入95%誤差範圍來看的話，

15.5% ≦ 節目A的收視率 ≦ 20.5%

18.3% ≦ 節目B的收視率 ≦ 23.7%

把這項結果畫成下圖，會發現兩筆資料的區間有重疊的部分，所以真實收視率（全體1800萬戶）也有可能是節目A勝過節目B（逆轉）。

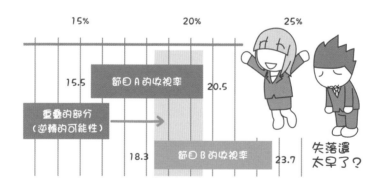

節目A、B的收視率有重疊範圍

誤差率沒公開時怎麼辦？

：意思是，調查機構會公布某節目「收視率為△％」，但如果忽略誤差率，直接拿數字來用的話可能會出問題囉？不過一般會公布的就只有收視率，我們又看不到誤差範圍。唉唷～理沙學姊，我們好不容易才算出來的結果，這下不是一點也派不上用場嗎？

：放心，以剛才計算的收視率來說，

節目A……收視率18%　誤差為±2.5%

節目B……收視率21%　誤差為±2.7%

沒錯吧？

雖然不同數字的誤差範圍也會不一樣，但誤差也只會在2～3%左右。為了驗證這項說法，我們以相同方式計算收視率5%～20%情況下的誤差範圍，並運用Excel做出下方圖表。橫軸是收視率（機構公布），縱軸則是含誤差在內的可能收視率範圍。看起來怎麼樣？

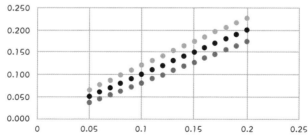

可推測誤差率在2%左右

：雖然感覺收視率較低的時候「誤差較小」，收視率一高「誤差也較高」，但其實都差不多呢。如果以收視率10%為標準，誤差大概是±2%。

：這樣啊。所以如果「收視率10%」，誤差範圍就是8%～12%左右。就算換成其他數字，結果也跟桃子剛剛說的一樣，只要抓大約±2%的範圍就好了！

　　報章雜誌與電視上經常看見某些調查結果，例如「內閣支持率不滿40%」，表示民調數字跌破40%大關。有時候也會看到「支持38%、不支持40%，結果呈死亡交叉」之類的聳動文字。在看這些資訊時，務必將「誤差率」考慮進去。

　　誤差率會依調查對象數量有所不同，但如果樣本數和收視率（900戶）差不多，可以推測誤差大約是±2%。只要誤差不至於超過5%，就可以認為「樣本結果與母體情況近乎相同」。

判斷收視率與各項調查結果時，

須考量2%的誤差

（學會統計學，就有辦法推出暢銷書？）

最後，我想跟各位稍微談談出版界的「煩惱」。怎麼這麼突然？因為我相信，各位平時的工作也會碰到類似的狀況。

最近無論哪間出版社，只要聊到企劃會議，就不得不先準備好紀伊國書店的「PubLine」資料。雖說「最近」，但嚴格來說，這個詞提出至今已經過了15個年頭。
PubLine是紀伊國書店（約70間）打造的資料庫，可以查詢書籍的銷量。他們依「每日、每週、每月」等不同時間區間來蒐集各出版社每一本書的銷售資料。總歸來說，可以透過數字清楚得知其他競爭對手的業績。

：這麼厲害？就連Amazon也只會標示排名而已耶。

：不光現在的資料，連過去的資料也查得到，這麼一來，沒有那些資料真的開不了會呢。

一點也沒錯。就像他們所說的，近年來若要提企畫，主管肯定會先問：「這份企畫有沒有資料根據（銷量的保證）？」
因此編寫企畫時，光蒐集資料就會佔去大量的時間。有趣的是，資料量越多，人似乎就越難下決定，反而會產生「再多調查一下好了」的心態，遲遲無法下定決心。這種情況在出版界已經屢見不鮮。

不過，這種情況真的僅限於出版界嗎？你身處的業界是不是也有類似的問題呢？

「分析PubLine資料」的行為看起來是正確的資料分析行動沒錯，但重要的還是結果，最後仍得看能否「想出暢銷書企畫」。只不過，實際情況恐怕沒那麼簡單，要是這麼輕鬆就能找到暢銷主題（擁有嶄新內容、嶄新視角的書），編輯也不必這麼辛苦了。

那麼，又為什麼會賣不好？原因出在引用了太多「過去的資料」。

市場上一旦出現一本暢銷書，許多出版社便會爭相模仿，推出主題相似的書籍。因為有「賣得好」的成績（保證），任一間出版社都會批准這類型書籍的企畫。

結果就是，6個月～1年後，書店裡出現一大堆題材相似的書籍，但已經太遲了。本來會買那類型暢銷書籍的客群早就已經買過了，到頭來市面上充斥著重複性太高的書，每一間書店的光景大同小異，所有書紛紛戰死沙場。

起碼就「發掘新暢銷主題」的方面來說，光分析「過去的資料」恐怕沒有太大的幫助。

那麼，**統計資料分析要在怎麼樣的情況下才能發揮功效？**以便利商店的POS系統為例，系統會記錄「50～59歲、男性、商品X購入3份、總計828圓」，而這些資料顯示了「實際購買商品的消費者屬性、熱門商品資料」（屬性中，年齡的部分帶有較多臆測的成分）。

這類資料統計如今已經越來越精密，除了有購買商品的人，就連沒有消費行為的顧客屬性（性別、預估年齡）、在店裡的行動（動線），甚至「為什麼沒有買」也都能推測出個大概的結論。將這些資訊回饋

給店家，就能調整商品配置、員工應對態度，從而提升業績。這種情況下，分析過往資料所獲得的結果就能充分活用在未來的行動上。

現代社會瞬息萬變，已經不像以前一樣可以單靠「經驗與感覺」來解決一切。統計學成為必備素養，人人都要學會怎麼根據資料來改善工作。不過我們必須注意資料該如何分析與運用，思考統計學的各種工具、知識可以應用於哪些領域。

：原來如此。從今以後，商業人必須「具備統計學知識與基本涵養」，不過統計學也沒辦法解決所有問題，所以還是得磨練出凌駕於理論之上的「感覺」。先不談這個，我跟桃子這次應該真的算是平安從統計學畢業了吧？桃子也辛苦了。

：大和哥……理沙姊在你背後（汗）。

：真是學不乖。我一直提醒你，「這次只是統計學基礎中的基礎」。統計學可是一門實用派學問，要學的還多著呢。首先得要好好培養眼光，學會判斷「公司內舉出的資料正不正確」才行。

看來理沙姊的嚴格指導還會繼續下去。

索 引

5%	……………………………	40
68%	……………………………	107
95%	……………………………	107
Amazon	……………………………	186
BMI指數	……………………………	100
Excel	……………………………	175
exp	……………………………	118
LCL	……………………………	139
RDD法	……………………………	136
UCL	……………………………	139
Σ	……………………………	83
σ	……………………………	117
μ	……………………………	117
問卷調查	……………………………	126
均匀分配	……………………………	85
因果關係	……………………………	151,162
流行病學	……………………………	162
演繹法	……………………………	163
加權	……………………………	187
迴歸	……………………………	180
迴歸係數	……………………………	175
迴歸直線	……………………………	172,178
迴歸分析	……………………………	172
組	……………………………	59
機率	……………………………	25
家計調查報告	……………………………	61
單尾檢定	……………………………	41
斜率	……………………………	175
管制圖	……………………………	139
虛假關係	……………………………	158
敘述統計學	……………………………	32,37,121
歸納法	……………………………	164
偶然	……………………………	29
區間估計	……………………………	195
奎特雷	……………………………	99
穩健性	……………………………	66
誤差率	……………………………	203
高爾頓	……………………………	180

最小平方法 ……………… 174

眾數 ……………… 55,58,63

殘差 ……………… 174

抽樣調查 ……… 122,129

樣本 ……………… 120

Sigma ……………… 83

收視率 ……………… 197

屬質資料 ……………… 92

複迴歸分析 ……………… 183

重心 ……………… 52

人口重心 ……………… 54

推論 ……………… 29

推論統計學 ……… 32,37,123

常態分配

64,86,96,103,116

常態曲線 ……………… 89

正相關 ……………… 146

截距 ……………… 175

普查 ……………… 121

劃分界線的概念 ……… 25,37

無相關 ……………… 147

相關關係 ……… 144,152

相關係數 ……………… 148

集中量數 ……………… 52,55

湊巧 ……………… 26

簡單迴歸分析 ……………… 182

算術平均數 ……………… 186

中位數 ……… 55,57,62

柱狀圖 ……………… 89

現有儲蓄額 ……………… 61

資料量 ……………… 107

點估計 ……………… 193

統計學的世界 ……………… 31

抵換 ……………… 43,46

南丁格爾 ……………… 101

抽驗 ……………… 138

離群值 ……………… 65

離散趨勢 ……………… 68

直方圖 ⋯⋯⋯⋯⋯ 63,89,93

標準常態分配 ⋯⋯⋯ 111

標準差 ⋯⋯⋯ 81,96,103

離散量 ⋯⋯⋯⋯ 91,95

品質管理 ⋯⋯⋯⋯⋯ 138

費雪 ⋯⋯⋯⋯⋯ 34

負相關 ⋯⋯⋯⋯⋯ 146

變異數 ⋯⋯⋯⋯⋯ 77

平均人 ⋯⋯⋯⋯⋯ 100

平均數 ⋯ 52,55,60,96,103

均值回歸 ⋯⋯⋯⋯ 180

貝氏統計學 ⋯⋯⋯ 32

冪次分配 ⋯⋯⋯⋯ 85

差 ⋯⋯⋯⋯⋯ 81

偏差值 ⋯⋯⋯⋯ 112

長條圖 ⋯⋯⋯⋯ 89

母體 ⋯⋯⋯⋯ 122

運氣好猜中 ⋯⋯⋯ 35

隨機抽樣法 ⋯⋯⋯ 136

Random Sampling ⋯⋯⋯ 136

間斷變項 ⋯⋯⋯⋯ 91,95

雙尾檢定 ⋯⋯⋯⋯ 41

屬量資料 ⋯⋯⋯⋯ 92

連續量 ⋯⋯⋯⋯ 90,95

羅馬數字 ⋯⋯⋯⋯ 50

Robustness ⋯⋯⋯⋯ 66

◎**著者紹介**

本丸 諒（ほんまる・りょう）

橫濱市立大學畢業後，進入出版業界，擔任無數本暢銷科普書籍的企劃、編輯，尤擅長統計學相關內容，至今已催生超過30本統計學書籍，主題包含統計學入門、多變量分析、統計分析等概論，以及Excel上的統計、迴歸分析、貝氏統計學、統計學術語字典等專題。另外也於擔任資料專業誌（月刊）總編時，幫助雜誌銷量連年創下新高。

自立門戶後，創立編輯工房Siracusa。既為科普書籍的自由編輯，亦為「將理科主題寫給文科人看〈超翻譯〉」的科普作家，其編輯與寫作能力有目共睹。日本數學協會會員。

著作（含共同著作）包含《文科生也看得懂的工作用統計學：商務前線的最強武器！在大數據時代聞一知十，洞燭先機！》、《一看就懂的微積分》（『意味がわかる微分・積分』／Beret出版）、《解開隱藏在數學符號裡的祕密》、《看漫畫學幾何》（『マンガでわかる幾何』／SB Creative）、《永久磁鐵》等。

好書推薦

各位總是無法有效地進行新知識的學習嗎？

這並不是意味著我們欠缺天分

而是沒有選擇正確的學習技巧，讓大腦進入最適合的「學習情境」！

【情境式圖像】＋【容易理解的事例】＋【核心關鍵字】

才是讓你有效吸收資訊的絕佳法門

睡不著時可以看的經濟學

14.8x21cm　192頁　雙色　定價 380 元

　　不是商管學院的特定科系就不需要學習經濟學？不是經貿、金融或財稅等專業領域人士就沒有理解經濟學的必要性？還是因為「感覺很困難」、「好像跟我沒有什麼直接關係」、「我的生活圈根本用不到」等因素就直接打了退堂鼓？各位是否都因為抱持上述的想法，因而錯失了進入這門學問的契機呢？

　　其實追本追溯源，經濟學領域的各種大大小小理論與名詞，可以說都是源自於人類的思維與行動方式，並且以不同的形象廣泛地存在於我們的生活周遭，在許多各位意想不到的地方持續地作用著。

　　小至我們平時購物與理財投資等行為，大至企業、國家在營運層面的運籌帷幄，經濟學的奧妙都在其中牽動著各種布局的巧妙變化。釐清經濟學的價值與趣味之處，不僅能讓專業人士取得能拆解現今局勢脈動的關鍵工具，亦能讓普羅大眾的生活模式變得更加有效益。

　　經濟學是深植於人類發展歷程與生活環境、從小地方一路牽涉至大規模運作體系的學問，同時也是處處充滿著有趣的思考點、能夠從中發掘出各種人類活動與行為議題的寶山。

瑞昇文化　http://www.rising-books.com.tw
＊書籍定價以書本封底條碼為準＊
購書優惠服務請洽　TEL：02-29453191 或 e-order@rising-books.com.tw

睡不著時可以看的統計學

14.8x21cm　192頁　雙色　定價 380 元

　　店鋪的營業額、業績的達成率、顧客的滿意度……生活周遭充滿了各式各樣的數字。

　　【統計學就是將這些資料統整得更簡單明瞭，並進行正確分析的一門學問。】

　　當今商業場合上最火熱的話題，莫過於機器學習和應用此項技術的 AI（人工智慧）了。機器學習就是讓電腦進行跟人類相同「學習行為」的一項科技，而進行機器學習的電腦要從海量的資料中找出規律和判斷基準，藉以預測未來時，就會用到統計學。

　　從幾年前開始，「大數據」以及「資料探勘」等詞彙已經成了商業場合上人人朗朗上口的詞彙了。資料探勘的意思就是分析資料，藉以推導出人們至今尚未發現的有益（又意外）的資訊。未來統計學將不再單純只是一項專業，更是一般商務人士面對解讀、活用資料時不可或缺的素養。

　　在這樣的社會趨勢下，各位是否也感到些許的焦急，才抱著「有沒有什麼簡單就能學會統計學的書」的心態，找到、拿起這本書的呢？如果恰好被我說中了，相信這本書絕對能滿足您的需求。

瑞昇文化　http://www.rising-books.com.tw

＊書籍定價以書本封底條碼為準＊

購書優惠服務請洽　TEL：02-29453191 或 e-order@rising-books.com.tw

睡不著時可以看的經營學

14.8x21cm　192頁　雙色　定價380元

談起「經營」這件事，各位的腦海裡率先浮現的會是什麼情景呢？

在新聞或財經專題節目，它總是會和一些艱深難懂的專有名詞一起從專家或企業主口中出現。網路或實體書店等通路的暢銷或聚焦排行榜中，也總是能在許多書封上看到它的身影。就日常生活的感受而言，跟「經營」相關的話題存在於各式各樣的角落，似乎不管什麼領域，都能和它有所關聯。只要跟這個詞彙有了連結，彷彿立刻就增添了專業光環。

「經營學」的理論與技巧並不只侷限在企業或公司行號的運作，它可以輔助我們在大小不同層級的單位組織裡，妥善地活用現階段持有的金錢、物資、人力、情報等諸多經營資源，來進行有效率、有品質的產出活動。

因此，如果各位能夠為自己建構「經營學」的理論基礎，再因應自身的背景與需求等情況去延伸習得更進一步的相關技能，相信就可以在生活的多元層面裡開展出新的氣象。

瑞昇文化　http://www.rising-books.com.tw

＊書籍定價以書本封底條碼為準＊

購書優惠服務請洽　TEL：02-29453191 或 e-order@rising-books.com.tw

TITLE

超直白！文科生統計學

STAFF

ORIGINAL JAPANESE EDITION STAFF

出版	瑞昇文化事業股份有限公司	カバーデザイン	坂本 真一郎（クオルデザイン）
作者	本丸 諒	本文デザイン・DTP	有限会社 中央制作社
譯者	沈俊傑		

總編輯	郭湘齡
責任編輯	蕭妤秦
文字編輯	張聿雯
美術編輯	許菩真
排版	執筆者設計工作室
製版	明宏彩色照相製版有限公司
印刷	桂林彩色印刷股份有限公司
	綋億彩色印刷有限公司
法律顧問	立勤國際法律事務所　黃沛聲律師
戶名	瑞昇文化事業股份有限公司
劃撥帳號	19598343
地址	新北市中和區景平路464巷2弄1-4號
電話	(02)2945-3191
傳真	(02)2945-3190
網址	www.rising-books.com.tw
Mail	deepblue@rising-books.com.tw

初版日期	2021年3月
定價	380元

國家圖書館出版品預行編目資料

超直白!文科生統計學/本丸諒著；沈俊
傑譯. -- 初版. -- 新北市：瑞昇文化事業
股份有限公司, 2021.03
224面；14.8 x 19公分
ISBN 978-986-401-476-7(平裝)

1.統計學 2.通俗作品

510　　　　　　　　　　110002072